近代天津租界的文化空间

宋永红　著

中国建筑工业出版社

图书在版编目（CIP）数据

近代天津租界的文化空间／宋永红著. —北京：
中国建筑工业出版社，2021.12
ISBN 978-7-112-26921-1

Ⅰ.①近… Ⅱ.①宋… Ⅲ.①租界—地方文化—史料
—天津 Ⅳ.① D829.12 ② K292.1

中国版本图书馆 CIP 数据核字（2021）第 249598 号

本书以近代天津租界建筑文化、园林文化、新闻报刊、教育文化、寓公文
化、娱乐文化等作为主要撰写内容，以这些内容之间的相互联系、交织而构成
的文化空间为研究对象，从时间和空间的维度梳理近代天津文化空间的特点和
对近代天津乃至中国近代化的贡献。

本书适合于相关专业人员及对此内容感兴趣的广大读者阅读。

责任编辑：高　悦　张　磊
责任校对：赵　菲

近代天津租界的文化空间
宋永红　著

*

中国建筑工业出版社出版、发行（北京海淀三里河路 9 号）
各地新华书店、建筑书店经销
北京建筑工业印刷厂制版
北京建筑工业印刷厂印刷

*

开本：787 毫米×1092 毫米　1/16　印张：$10\frac{1}{4}$　字数：150 千字
2022 年 3 月第一版　　2022 年 3 月第一次印刷
定价：**48.00** 元
ISBN 978-7-112-26921-1
（38722）

版权所有　翻印必究
如有印装质量问题，可寄本社图书出版中心退换
（邮政编码 100037）

自 序

从 1860 年天津辟为通商口岸，英、美、法三国分别划定了租界，到 1945 年租界收回，天津的租界共经历了 85 年的沧桑历史。研究近代天津"西学东渐"的过程一定离不开对租界的研究。近代天津的一切，似乎都曾处在租界的影子里。

天津租界与近代中国转型期的大变局密切相关。清末民初之际天津成了中国政坛的后台，而租界又是后台的中心，在租界里有许多在中国近代史上有影响的人和事，彼时牵涉中国时局变化的大事件与天津租界都有关。

近代历史上，英、美、法、德、意、奥、比、日、俄九国先后在津划定租界，租界总面积达 23000 余亩，是天津老城的八倍，天津成为近代中国通商口岸中划定租界国别最多的城市。多国租界并存的现象对近代天津的中西文化交流、碰撞、调试、融合以及南北交融产生了巨大的影响，使近代天津形成了具有异国风情的小洋楼文化、园林文化，成为近代中国北方教育的先行者、新闻中心、公共图书馆、博物馆，以及电影、俱乐部等西方流行的消闲、娱乐文化的引领者，为近代天津带来了新气象、新风尚，客观上九国租界促进了天津乃至中国近代文明的发展。20 世纪 30 年代，近代天津已成为中国北方最开化而且西化的城市。

本书以近代天津租界建筑文化、园林文化、新闻报刊、教育文化、寓公文化、娱乐文化等作为主要撰写内容，以这些内容之间的相互联系、交织而构成的文化空间为研究对象，从时间和空间的维度梳理近代天津文化空间的特点以及对近代天津乃至中国近代化的贡献。

目　录

第一章　综述

　　租界作为帝国主义对近代中国主权侵略的产物，间接成为近代中国人窥视外面世界的窗口。近代中国人了解西方、认识西方以及学习西方，或是采用直接的，或是采用间接的方式进行。直接的途径就是深入到西方国家的生活中进行观察、体验、了解和学习西方，但是受到中西文化差异、语言沟通障碍的影响，所获得的西方信息会有所变形、失真。再加上受地理、经费、文化程度等因素的制约，能够深入到西方考察、学习的毕竟是极少数人。因而，租界便成了近代中国人学习西方文明最直接、实在，而且是最便利的途径。租界在向中国传播西方先进文明方面不仅具有直接性、实在性和可证性，还因包罗社会生活的各个方面而具有全息性。因此，近代相当多的中国人是通过租界来观察和认识西方的。

　　租界是"19 世纪中期至 20 世纪中期帝国主义列强在中国等国的通商口岸开辟、经营的居留、贸易区域。其特点是外人侵夺了当地的行政管理权及其他一些国家主权，并主要由外国领事或侨民组织的工部局之类的市政机构来行使这些权力，从而使这些地区成为不受本国政府行政管理的国中之国"。租界是西方国家根据不平等条约在中国通商口岸的城市中建立的拥有特权（行政自治权和领事裁判权）的外国人居住地。一方面，它是破坏中国领土、主权完整的"国中之国"；另一方面，它又给中国带来了一个不同于中国传统城市文化，成为中国人窥视西方生活的一个窗口。因此，租界一方面是帝国主义列强侵略中国的产物，使近代中国丧失主权；另一方面，客观上多国租界并存的现象对近代天津的中西文化交流、碰撞、调试、融合以及南北交融产生了巨大的影响，使近代天津不仅形成了具有异国风情的小洋楼文化、园林文化，而且成为近代中国北方教育的先行者、新闻中心，有中国人从未体验过的露天音乐会、电影、溜冰、跑马、草地网球等西方流行的消闲、娱乐方式。租界所展示的西方城市文化对中国人来说是全新的,这些休闲方式使中国人耳目一新,为近代天津的社会生活带来了新气象、新风尚,客观上九国租界促进了天津乃至中国近代文明的发展。近代天津租界的文化在富有殖民色彩的都市文化背景下形成,近代天津租界也逐渐形成了中西文化交融、并存的文化娱乐方式,成为近代中国新兴文化的引领者。"这是一段屈辱史,也是一段抗争史,同时又是一段文化史"。

1860 年以来,近代天津在不断遭受外强入侵的背景之下,出现了九国租界,华洋杂处,中西碰撞,彼此相异的中西文化在天津这座都市奇迹般地交融相生。租界对近代天津的影响,具体表现在以经济和文化资本为手段的殖民扩张和对城市空间的生产与重构。租界内具有异国情调的楼房、教堂、洋行、商铺,现代城市管理的管理方法,西方生活方式等,对于近代天津的文化走向产生了直接而久远的影响。这一时期的天津因为有着中国其他城市难以比肩的特殊地位,成为世界各国关注的焦点。20 世纪 30 年代,近代天津已成为中国北方最开化的城市,异域风情的建筑、园林,令人耳目一新的道路、电灯、下水道管网等生活配套设施提供给人们干净而舒适的生活条件,以及由此而带给人们思维方式的变化,形成了其独特的城市文化空间,近代天津西学东渐的过程与租界密切相关。

城市文化中最具象征性和标志性的是历史街区和建筑,因其有九国租界,租界里的建筑基本是以其母国的风格为基调并融入了多种风格,故近代天津有"万国建筑博览会"之称。租界里的建筑大致分三种:一是具有多样功能的各类商业建筑,诸如商厦、酒店、影剧院、游泳馆、俱乐部、酒吧、舞场、跑马场等;二是形色各异的住宅建筑,也就是人们俗称的"小洋楼",这些小洋楼不仅独具特色,具有美学价值,同时也承载了其居住者的人生故事;三是教堂建筑,风格各异,西方异域风情与东方传统风格同时并存,而毫不违和。从古典式、文艺复兴式、哥特式、拜占庭式、巴洛克式、罗曼式、集仿式到洛可可式,少有雷同。各式建筑应有尽有,无论从外形,还是从舒适度上，其所带来的异质文化改变了传承了数千年的中国建筑体系，也改变了人们的生活方式，客观上影响了中国建筑的设计理念和风格。风格各异的建筑渐渐注入了租界建筑中，形成了近代天津租界建筑文化独有的特质，即折衷主义的建筑风格和中西合璧特点。

与风格各异的建筑相映衬的是租界公园，公园是开放最早的共享空间。近代天津租界先后建有十座公园，这些公共园林镶嵌在各租界的社区里。大部分园林的艺术风格与建筑风格一样均呈现出折衷主义特色。在向公众提供优美园林景观的同时，公园也向公众提供了活动、消闲、娱乐、社交的公共场所。租界的公园从本质上来讲是供公众活动的城市公共空间，同时也向公众提供了游乐、休息、进行文化娱乐及体育运动等功能，其特性是开放和共享。公园以建造优美的公共空间来达到"娱人、娱众"的造园目的，这与中国传统私家园林"娱己、娱亲、娱朋"以及皇家园林只为少数人享用的特点是截然不同的。九国租界公园的造园时间先后跨越五十余年，最突出的特点是造园手法和造园要素带有鲜明的各租界国的地域特征，园林在发展过程中与租界国园林的传统相结合，表现出不同的园林风格和明显的时代烙印，同时也融入了中国传统园林的自然式布局元素。

租界里具有异域风情的建筑和园林带给近代中国人一种视觉上的冲击和生活上的享受，而西方书籍、报刊等新闻出版媒介的传播则打开了人们认识世界的窗口，为近代中国传播进步思想提供了工具，租界为近代新闻媒介提供了生存和发展的环境和土壤。

近代天津，先后在各租界创办的报刊大致有百余种。清末民初之际，许多华人办报社址首选租界，其主要原因是租界的客观环境为近代新闻报刊事业提供了相对有利的生存环境和发展契机。这些报刊对推动近代中国社会的进步、开启民智起了非常重要的作用。1897 年创刊的《国闻报》是中国人在近代天津独立创办的一份报纸，与梁启超在上海主编的《时务报》南北呼应，宣传维新思想，推行维新变法，其影响遍及全国。而对国人影响最为深远的则是《国闻汇编》第二期开始连载的由严复将赫胥黎的论文集《Evolution and Ethics》翻译整理而成的《天演论》，向尚处于封建社会的中国人首次介绍了进化

003

论思想和资产阶级社会学的理论，提出"优胜劣败，适者生存"的观点。该文刊发后在当时的近代中国思想文化界引起了强烈的震撼，在中国近代思想文化史乃至科学技术史上具有重要的、划时代的意义，同时也为维新运动提供了重要的理论根据。中国新闻史和全球华文传媒史上唯一拥有百岁高龄的报纸《大公报》创刊时社址同样选在了租界，在"大公无私"办报宗旨的指导下，倡导新闻自由，秉持敢言之风，抨击时政，担当起舆论监督的职能，为推动清末民初时期社会思想解放、促进近代天津社会的文化转型做出了卓越的贡献。《大公报》在报纸的字里行间展现出了其指陈时政、开启民智、改造国民、移风易俗的使命，宣传科学知识，反对封建迷信；提倡办新学堂，反对科举制度；主张多立报馆，反对思想专制；提出了妇女解放，推动兴办女学，成为资产阶级思想启蒙的阵地。比利时传教士雷鸣远创办的《益世报》在抗战初期成为反日的舆论先锋，其主张抗日、抨击中国政府的不抵抗政策的观点鲜明地体现在文章中。该报不仅发表很多主张武力抗日的社论和文章，而且还及时报道了中国人民普遍关注的和渴望了解的有关抗日的消息。《益世报》以其敢言和公正立场，受到社会各界和广大民众的欢迎，在抗战时期成为一份很有影响的报纸。这些报刊对当时的天津乃至全国的政治、经济、社会和文化的发展贡献巨大，影响深远。

新闻迅速发展的同时，近代天津的新式教育也蓬勃兴起。此时，租界里出现了各种形式、层次和规模的学校。有各租界当局为外国侨民所办的学校，比如英国公学、法国公学、日本寻常小学等。也有外国人办的各种学校，这类学校兴办者和办学形式呈现多样性，既有教会组织兴办的学校，也有无宗教色彩的学校；既有普通学校，也有职业学校；既有专门招收中国人子弟的学校，也有为外侨子弟专设的学校，同时也有中外籍学生均招收的学校。第三种是中国人兴办的官办技术学堂和高等大学堂，比如北洋电报学堂、北洋医学堂，以及北洋大学堂。第四种是中国人开办的各层次的新式学校，这是中国人中的有识之士自己兴办的新式学校，如木斋中学、木斋幼稚园等。

在租界划定之初，华人是不被允许在其中居住的，但是随着天津城市的发展和租界当局出于对税收的考虑，对华人在租界里居住的限制也就渐渐废止了。到了 20 世纪 20 年代以后，大批富有的华人迁移到租界居住，此时各租界纷纷形成了实力日益强大的华人社会。以至于在最富庶的英租界，华人占到居民总数的 90% 以上。随着华人对租界税收贡献的增加，华人在租界的话语权也在增强，租界当局在华人的强烈要求下专为华人纳税人的子弟兴办了一所学校，即耀华学校。这所华人学校的创办成功，显示了华人在租界里政治地位的提高。新式教育的兴起，改变了中国传统的教育结构形式，促进了中国传统教育在教学内容、教学方式和教学目的上的转换，为近代中国社会输入了新思想、新观念，深刻而全面地影响了近代中国社会的政治、经济、文化等诸多方面。这些学校培养了具有进步思想和先进文化知识并掌握了一定专业技能的青年人才，为近代中国社会的转型和进步做出了突出的贡献。以北洋大学为例，培养了近代中国第一张新式大学文凭取得者、海牙国际法庭任职的中国第一人、曾参与起草《联合国宪章》的法学家王宠惠；被誉为"中国奥运之父"的王正廷；中国共产党早期领导人之一、中国共产主义青年团创始人之一、中国青年运动的卓越领导人张太雷；著名经济学家、人口学家、教育学家马寅初等对近现代中国社会进步贡献巨大的杰出人才。

西方文化在近代天津的流行，虽对传统文化造成了一定的冲击，但即使在西方文化集中盛行的租界里，也并没有使中国传统因素丧失殆尽。租界里出现了中西文化并行或互补的现象，使中西两种文化汇通融合，由此反映出近代中国社会转型时期多元、纷呈复杂、新旧交替的特点，从而使近代天津形成了在中西之间、传统与现代之间独具特色的城市大众文化。近代天津城市文化生活的变迁呈现出亦中亦西、非中非西、中西杂糅、新旧并陈的过渡性特征，这不仅表现在城市文化中所特有的具有文化意义的场所和空间构成上，也表现在大众文化的传播和流行上。租界便是促进大众文化传播的重要空间之一。

租界相对开放的文化空间，使近代天津在 20 世纪二三十年代得以领西风之先，成为中国北方经济、文化的中心城市。租界里有影剧院、跑马场、回力球场、舞厅、游乐场等新兴娱乐休闲场所，这些场所的文娱活动十分活跃，对近代天津的文化繁荣和发展起到了很重要的推动作用。英、法、日三国租界是文化娱乐活动集中地，呈现出多种娱乐形式并存的特点，中西兼容，但各行其乐。电影院作为一个文化消费场所趋于大众化，文化消费圈子化的特点呈现在世人面前。在"劝业场一带开业的影剧院、饭馆、舞厅近 60 户，竟是这样的集中，当时在全国其他大城市也是少见的"。

近代租界里，不仅西方传入的娱乐休闲活动十分繁荣，中国传统的戏曲表演等文化样式同样赢得了很多观众。由于租界的特殊文化背景，评剧这个植根于河北民间的剧种首次到天津租界以外演出便被当局驱除出津门。而其通过自我革新再次来到天津租界时却因受到了广大民众的喜爱而成为轰动一时的新兴戏剧表演艺术，这不得不说是与租界相对宽松的文化环境，以及艺术接受上兼容并包的态度密切相关的。正因为如此，近代天津的租界形成了一个东方传统文化与西方现代文化并存，且相互交融的文化中心。

租界文化是随着租界的开辟和设置、中外接触的增多且依托租界而发生出来的一种以混合中西文化为主要特征的移民文化，它被租界居民所认同，具有鲜明的殖民性、多元性、近代性和自治性。人类社会所特有的现象——文化，是由人所创造的。因而，研究租界文化自然离不开研究租界文化的主体，即人。

租界是帝国主义列强对近代中国军事侵略的产物，租界的文化一开始就表现出了殖民性的特点，具体表现在租界里的物态文化，及其政治法律制度、宗教活动以及教育和艺术等制度文化，以及所带来的生活方式而形成的价值观念、审美情趣和思维方式等方面。随着租界的发展，居住在租界的华人增多，逐渐形成了中西交融的态势。租界里居住的华人大都是有一定经济基础或者社会地位之人，诸如洋人的买办、政治家、文人、医生、教育家、艺术家等；还有很大一部分清末民初从军政舞台退下来的军阀和政客选择寓居天津租界来做寓公。这些华人选择在租界居住看重的是租界特殊的政治文化环境，以及居住安全、舒适的生活条件。在著名的"五大道"地区，有两千多幢各式洋房，其主人绝大多数是华人，而洋人居住的住宅则屈指可数。这些住宅洋房组成了一个风格各异的西式建筑群，展示了西方住宅建筑文化之美，留下了"万国建筑博物馆"的美誉。

文化作为人类所特有的精神活动及其产品使得其本身具有时间性与空间性，具有强调发展演变的历时性与强调内容范畴的共时性特征。米歇尔·福柯将文化空间视为"多层次历时性的积淀"，近代天津的租界在人类历史的长河中虽然经历了短短的 85 年，但在其特殊的历史背景下所构建的空间具有独特的历史文化意义。在租界文化的影响下，天津文化与西方文化相融合，进一步发展出了进步开放、兼容并蓄的天津城市文化精神。

李永东先生认为，"租界文化"是指 19 世纪 40 年代中期以来，随着上海、天津、武汉等地外国租界的相继开辟，在以上海租界为主的租界区域逐渐形成的殖民性、商业性、现代化、都市化、市民化的中西杂糅的文化形态，是与中国传统文化、海派文化、都市文化既有一定联系，又有明显区别的一种文化模式。其本质和特征体现在与租界现象相联系的独特的市政制度、文化体制、城市空间、市民体验和审美风尚等多个文化层面。美国著名城市社会学家 R. E. 帕克也曾写到："大城市从来就是各种民族、各种文化相互混合、相互作用的大熔炉，新的种族、文化、风俗、社会形态就是从这些相互作用中产生出来的。"

正如有学者所指出的"租界内的教堂、洋行、商家、现代的城市管理、西方的生活方式，直接影响着近代天津的文化走向。"西方文化思潮一方面和固有的中华传统文化发生撞击；另一方面在华洋杂处、中西交流之中，二者又有交融。在近代中国北方，天津以其独特的地理位置和历史背景，得领世界风气之先。中西文化在天津的撞击与融合，使得具有开放思维和现代意识的广大市民阶层得以涌现，为天津现代都市文化奠定了根基即独特的"文化空间"。这些具有文化意义的特有场所、活动时间等，成为支撑社会文化存在的隐性支柱，记录着城市历史发展。

参考文献

[1] 费成康. 中国租界史 [M]. 上海: 上海社会科学院出版社, 1991.

[2] 吴士英. 论租界对近代中国的复杂影响 [J]. 文史哲, 1998 (5): 95-100.

[3] 李永东. 论"租界文化"概念的文学史意义 [J]. 西南大学学报 (社会科学版), 2007 (5): 152-156.

[4] 尚克强, 刘海岩. 天津租界社会研究 [M]. 天津: 天津人民出版社, 1996.

[5] 吕超. "天国咽喉"——论近代天津文化中的外来因素 [J]. 甘肃社会科学, 2008 (1): 63-65.

[6] 谭汝为. 从地名解读天津地域文化 [J]. 辽东学院学报 (社会科学版), 2005, 7 (4): 13-19.

[7] 谭汝为. 天津五大道与租界文化 [J]. 天津市社会主义学院学报, 2015 (1): 52-57.

[8] 罗澍伟. 引领近代文明 百年中国看天津 [M]. 天津: 天津人民出版社, 2005.

[9] 冷树清. 百年中国社会风习寻脉 [M]. 北京: 社会科学文献出版社, 2016.

第二章　建筑文化

城市文化中最具象征性和标志性的是历史街区和建筑，近代天津租界建筑素有"万国建筑博览会"之称。租界里的建筑不仅功能多样，既有各类商业建筑，诸如商厦、酒店、影剧院、游泳馆、俱乐部、酒吧、舞场、跑马场等，也有形色各异的住宅建筑，也就是人们俗称的"小洋楼"；而且风格各异，从古希腊、罗马风格建筑，到古典式、文艺复兴式、哥特式、拜占庭式、巴洛克式、罗曼式、集仿式、洛可可式，各式建筑应有尽有，无论从外形，还是舒适度上，其所带来的异质文化改变了传承了数千年的中国建筑体系，也改变了人们的生活方式，从而影响了中国建筑的设计理念和风格。各国的建筑风格渐渐注入了近代天津租界的建筑之中，形成了近代天津租界建筑文化独有的特质，即折衷主义的建筑风格和中西合璧特点。

2.1　各国租界简述

2.1.1　英租界

英租界于清咸丰十年（1860 年）划定，面积为 460 亩（1 亩 ≈ 666.67m²）。之后英租界又有过三次扩界：1897 年第一次扩地 1630 亩；1902 年第二次扩地 131 亩，是将美租界并入英租界；1903 年第三次扩地 3928 亩。英租界总面积达 6149 亩，是近代天津开发最早、规模最大的租界。

划界之初，英租界当局便对租界的土地进行丈量，由英国皇家工兵上尉戈登与一名法国工兵上尉执行划界后，戈登初步设计了英租界的道路、街区、河坝以及地区分段分号出租的计划，奠定了英租界后来的发展基础。

租界划定之初各国均在此设立领事机构，租界成为各列强在天津的政治活动中心。随着租界的发展，英租界里出现了众多的银行、洋行，到"1937年前后天津有483家洋行，其中有404家设在英租界内"，各个国家的大小银行均集中于此，英租界同时也是金融中心，便发展成为各租界的经济、金融活动中心。从而英租界的房地产开发形成了租界当局税收的重要来源，"1901年成立的英商先农公司所占有的房地产，占外国人房产的44%左右"。英租界大型洋行、银行等建筑是严谨的西方古典式建筑风格。

随着外国居民的增多，为他们提供良好的居住条件成为迫切的现实，开发住宅建筑既可使租界当局解决外侨在津的居住问题，又可使其获得更多的税收，可以达到繁荣租界经济的目的，英租界工部局便着意在租界内进行住宅区的开发和建设。而此时中国社会处于动荡之中，租界可以在中国政局动荡的社会背景下为一部分人提供庇身之处。同时，规划合理、齐备的市政设施为人们提供了舒适、安逸、卫生的居住条件，也吸引了许多中外有钱人前来居住和投资。

住宅建设之初的设想是将花园城市纳入其中，房地产开发和经营成了此时租界当局获利最高的行业。1924年英国人雷穆森（O·D·Rasmussen）所著的《天津的成长》(租界)一书，详细地描述了英租界扩展的设想。首先是住宅的开发，按照当年英国租界当局的计划，建设"现代化房屋、花园住宅区"成为租界建设的一个重要事项。于是，他们将海河河底的淤泥挖出用来垫平洼地，使租界尽快成为市政设施一应齐全的"华北一流"住宅区。20世纪20年代中国政治局势动荡，清朝遗老遗少、皇亲贵族，在政治斗争中失败的北洋官僚、军阀纷纷涌向租界居住，还在政治舞台上的北洋政客、军阀也都把租界当成一旦政治失势后就可以全身而退的最佳栖身之处。英租界里一时洋商、中国买办等纷纷投资，很快就形成了一个环境优美的社区；同时，租界当局为了给在中国的英侨提供休闲、娱乐和社交的场所，在租界里还兴建了俱乐部、跑马场等专供英国侨民的娱乐场所。

英租界市政建设也是与租界开发同时进行的，在天津九国租界中是开发最早的，而且设施完备。"1870 年修筑完成了租界内的干道中街形成中心区域（现解放北路）、1888 年开始使用电力、1899 年开始供自来水、1890 年开始供煤气。"1887 年修建了维多利亚花园，之后随着租界的扩张围绕建筑群又修建了多个公园。英租界的开发建设活动一直延续到 1937 年前后，1945 年英租界归还中国。

2.1.2 法租界

法租界于 1860 年划定，面积 360 亩。历史上法租界有过两次扩张，分别是 1901 年和 1935 年，两次共扩充土地 2476 亩；1916 年法租界当局曾计划在西开地区西开教堂附近扩展租界，此计划遭到中国民众的强烈反对，遂被搁置。1935 年法租界再次越界占地，共476 亩。

法租界在划定之初开发速度较慢，经济贸易也并不繁荣，法国侨民大多和中国民众杂居，1870 年"天津教案"后各国侨民才开始迁往租界居住。但是法国在普法战争中失败，导致其国力不振，天津的法租界在很长一段时间内未见起色。到了 1880 年以后法租界当局才开始着手进行市政建设。不同于英租界的银行、洋行及居住房屋的开发，法租界的开发建设选择了以商业为主要的开发项目，体现了现代商业形式多样的特色，从而使法租界逐步成为各租界中最繁荣之地。

法租界所处位置有着非常好的地理优势，首先是便利的交通为法租界的繁荣提供了客观条件，1926 年万国桥的修建将海河的东、西两岸连接起来，使法租界中街直通到了海河东岸的老龙头火车站。其次，法租界的东部和北部均临近海河西岸，海河岸边就是航运码头，水陆运输都十分便利，吸引了在法租界投资经商的中外人士。再次，中街是将法、英、德三国租界贯穿起来的中心道路，也成为各国政治、经济、商业活动中心。三国租界以中街相连，沿街的建筑风格各具特点，法租界这段是典型的法兰西文艺复兴风格，中间的英租界是西方古典主义建筑，最南段则是小型德国传统风格的建筑。法租界中街的建筑最具法兰西风格，其间也穿插着其他风格的建筑作为点缀，这段的建筑规模与英租界的大致相同，但各具特色。

法租界的繁荣是随着租界当局对商业投资、兴办文教和宗教场所而兴起。20世纪20年代兴建了大型综合商场"劝业场"，形成一个以劝业场为中心的崭新的商业文化圈，从而带来了法租界商业、娱乐业的空前繁荣，时至今日劝业场一带仍是天津市最大的商业中心之一；1921年创办了教会大学——天津工商学院，其鼎盛时期的影响与美国康奈尔大学不相伯仲；1916年修建的老西开天主教教堂，成为华北地区的法国天主教宗教活动基地。

在法租界居住的人口众多，"1943年时，人口已增至95261人，占当时全市总人口数的5%"。租界内的各种商铺有四千多家，法租界的繁荣程度由此可见一斑，为各国租界之首。

2.1.3　日租界

日租界划定时间为1898年。根据《天津日本租界条约》，日租界一期土地面积是1667亩，1903年曾扩张一次，总面积为2150亩，1945年收回。

天津日租界的正式开发是在1900年以后，日租界和法租界紧紧相邻，界内主干道旭街（现和平路）是日租界最繁华的街道，日本侨民称之为"小银座"。旭街是连接日、法两国租界和租界以外的街道，北端与租界以外老城中心区的东马路相连，东端紧连法租界劝业场一带的商业区，且与法租界中街相通，至今依然是天津市的主要商业街区之一。这条街道也聚集了各种风格的建筑，最著名的建筑是由中国人设计的中原公司大楼，以其具有现代气息并且是天津最高的建筑而著称。

坐落于宫岛街（现鞍山道）的原武德殿是现在仅存的一座"和风帝冠"式风格的建筑。该建筑是日本在昭和初期（20世纪30年代）流行的以日式传统造型加之以现代钢筋混凝土结构建造而成的现代建筑，是以日本的城郭样式为外形、以西洋建筑建构为躯体的广义的"和、洋"折衷建筑。

2.1.4 意租界

意租界于 1902 年划定，是意大利在中国的唯一租界，面积为771 亩。意租界位于海河的东岸，与日租界隔河相望，与奥、俄两国租界相邻。意租界环境非常幽静，商业较少，与其他租界相比而言更适宜于居住。意租界工部局对租界的规划建设要求非常严格，从而使意租界整体上保持统一的意大利风格，在严格按照规划设计来建造房屋的前提下，意租界呈现出了一种高雅淡定之美。意式建筑角亭高低错落，满眼圆拱和廊柱，广场、花园点缀其间，将其塑造成一处高级住宅区。意租界的建设规划将意大利式柱廊、挑檐带进租界的同时，也将意式的街区和小广场带到了中国。意租界中心的马可波罗和但丁两个圆形广场非常有名，其中马可波罗广场较大，中心立有纪念柱。意租界是意大利在本国以外世界上唯一的一处大型意大利风格建筑群。

意租界开发为近代天津租界里的高级住宅区之后，各路军阀、政客便争相在此置地购屋，一时寓公云集。

2.1.5 德租界

1895 年德租界划定的土地面积为 1034 亩，1900 年庚子事变之际又借机进行了一次扩界，总面积为 2150 亩。德租界当局的开发和建设以一期的租界为主，二期扩充地尚未开发。1917 年，德国作为一战战败国将其在华租界归还给了中国政府。中国政府将其改为特别第一区。

在天津开埠前，德国商人就已在天津从事军火贸易。他们一直在天津老城一带进行贸易活动。开埠之后，德商便逐渐地转到英、法租界居住和经商。由于各国洋行一般都设在英、法租界，德租界里很少有洋行经营，所以德租界内居住环境十分幽静，许多中国的达官显贵、巨贾富商纷纷到德国租界置地买房。德租界一共存续了 23 年，在不长的时间内迅速发展起来，形成具有一定规模的居住社区。

德租界的房屋以别墅式为主，平面组合自由，体态变化丰富。其中最具德国传统风格的建筑是德国俱乐部。

013

2.1.6 奥（地利）租界

奥租界于 1902 年划定，租界划定之后奥租界工部局就组建了一个奥租界建筑公司用以吸收华人投资。奥工部局专设工务处来负责管理租界规划和建设，奥租界还开通了四条主要道路，使之得以与相邻的意大利租界连通。奥租界的开发没有英、法等国租界繁荣，大经路是其商业主要中心，其余均为住宅。北洋政府前总统袁世凯、冯国璋的宅邸都建于此。奥租界 1919 年被中国政府收回，改为特别第二区。奥租界从划定到中国政府收回仅存在了 17 年，是九国租界中时间最短的一个。

2.1.7 俄租界

俄租界的占地面积较大，在九国租界中仅次于英租界。俄租界北临铁路，西面有车站，占据海河东岸的一段，是发展工业区和交通枢纽的理想之地。相对其他租界来讲，俄租界开发较为滞后，租界内的建筑只有俄领事馆、一个占地 105 亩的俄国花园和一座天津本地称为"洋葱头"的具有东正教特征的铜制穹隆顶教堂。俄国十月革命后，苏联政府宣布将俄国在华的租界全部交还给中国政府，主动放弃了沙俄时期在中国获得的一切特权。1924 年中国政府接管俄租界并将其改为特别第三区。俄租界也是天津九国租界中第一个被主动放弃租界权利的租界。

2.1.8 美租界与比（利时）租界

这两个国家的租界在划定之后并未进行实际开发。1902 年美租界并入了英租界，因此天津也有八国租界之说。

1902 年划定的比利时租界，占地面积为 740 亩。比租界基本未进行实际开发，1931 年中国政府将其正式收回，改为特别第四区。1904 年比利时世昌洋行在天津投资经营了天津电车电灯公司（又称比商天津电车电灯公司）以及近代第一家有轨电车路线，同时也是近代中国第一条公共交通线路。

2.2 近代天津租界建筑的风格

近代天津租界从建筑风格和功能上大致分四个建筑群，一是以解放北路为中心的区域，这个区域以严肃而典雅的银行建筑为主，是金融活动区；二是以劝业场为中心的区域，这个区域是以活泼而带有商业特点为主的商业和娱乐建筑群；三、四是分别以意租界地区和英租界的五大道地区为主的两个区域，属高档住宅区，以建筑风格多样性而著称。两个租界的建筑都以西式风格以为主，意租界以西欧古典式住宅建筑为主要风格，而五大道地区的建筑则是以风格多样和杂糅，显示出开放、包容的特点。这四个建筑群总体来讲各具特色、风格各异，但建筑的整体或局部构造均有欧洲建筑的影子。

2.2.1 英租界中街（现解放北路）地区

近代天津多国租界并存，因而在租界社区规划和建筑风格上表现出多元的特点。具体在租界社区的各个层面上有所体现和反映，最具代表性的是位于英租界中心的金融街——中街，如图2-1所示。

图2-1 英租界中街

1870～1880年间，英租界当局开始了对以中街为中心的区域开发，中街成为英租界的干道，其他的地区在中街的基础上逐渐向外延伸，中街两侧相继建成了大型的银行建筑，商业建筑也在此相继落成。由于中街开发较早，各租界的金融活动都集中在这里，一条约60

英尺（1英尺＝0.3048m）宽的银行街已初具规模。

1900～1937年，这条街进入了黄金时代。欧美帝国主义已经进入经济发达阶段，折衷主义建筑风格盛行，其他各种建筑风格已被广泛运用在各种不同类型的建筑上。古典主义和折衷式的建筑在这条街道两旁比比皆是，其中也不乏带有新艺术运动印记的建筑穿插其中。

这条路曾被称为中国的"华尔街"，现尚存52幢历史风貌建筑。昔日贯穿法、英、德租界的金融街——中街，现在仍是天津政治、金融、文化中心。

2.2.2　劝业场商业区

1900年以后，商业中心由天津旧城区转移到了法租界的劝业场一带。此时劝业场地区当时尚未开发，空地上是一块块的坟地和水滩，只有一些低矮的平房和零散的小商店，但这块地方是属于法租界的扩张地的范围内，人们习惯称此地区为"梨栈"。到了20世纪20年代，随着劝业场一带商业建筑的快速增加，商业、娱乐建筑鳞次栉比，在不到十年的时间里，劝业场一带一跃成为一个新的商业中心，如图2-2所示。

图2-2　劝业场

劝业场一带的商业建筑虽与中街的银行建筑是同时期所建造，但与严谨的古典主义风格的银行建筑截然不同。其特点是突出商业性质，建筑造型富于变化，多种建筑处理手法并用。最有代表性的是将塔楼运用于设计之中，其目的就是将高高耸立的塔楼作为建筑标志，以此吸引顾客的注意，进行商业的推广，而并不是为了表现某种建筑风格。通过搭建形式各异、不断攀升高度的塔楼来展示实力，可以用"争奇斗富"来形容这种吸引客人的方式。这种建筑风格虽然商业色彩非常浓厚，但也是属于折衷主义的范畴，同样是受到了欧洲进步建筑思潮的影响的结果。到今天，劝业场一带也还是天津最繁华的商业中心之一。

2.2.3　意租界建筑群

1914 年，意租界的大马路用沥青柏油铺路修筑成了平坦的大道，这是近代天津的第一条现代化柏油路。意租界当局对租界整体规划的建筑要求是，必须以体现意式的花园别墅为主要建筑特色，而且要求一座建筑即一个风格，不能有类似和重复。意租界当局还修建了两个命名颇具意大利历史文化色彩的圆形广场：一个名为马可波罗、一个名为但丁，如图 2-3 所示。

图 2-3　意租界街区

意租界的房屋主要就是意大利风格，特点是保持了古罗马建筑稳定、平展、简洁的特色而具有古典韵味，以住宅作为租界的主要建筑，社区规划和配套非常完整，为了生活方便还建有学校、医院、教堂、花园、俱乐部、球场、菜市场和消防队等配套建筑。意租界的花园洋房屋顶设计很有特色，每栋房屋上均有风格各异的意式角亭，角亭既有圆亭也有方亭，还采用了"圆拱、平拱、尖拱、连拱、垂柱点缀。这些角亭高低错落，构成优美的建筑空间，并与意国传统的橘红色的屋顶完美地结合在一起，从高处远远望去，很有意大利佛罗伦萨的托斯卡那风格"。天津意租界是原汁原味的地中海风情建筑群，是亚洲仅存的一片意大利风情区域。

2.2.4 五大道近代建筑群

五大道近代建筑群（又称五大道地区）坐落在英租界第三次扩展地区，最为吸引人的是这片区域里修建有英、法、意、德、西班牙等国的具有欧陆风情、风格各异的小洋楼300多幢，其中有名人故居100多处，是名副其实的"万国建筑博览会"。

19世纪末到20世纪初，五大道地区还是天津城南的一片只散落着一些窝棚式简陋民居的坑洼塘淀。1919～1926年在划为英租界以后，英租界工部局先是利用疏浚海河河道的淤泥把这片洼地填垫平整，然后建设了市政设施，逐渐将这片地区营造成了环境舒适幽雅的适宜生活的居住小区。20世纪30年代，此区域已经形成了由一幢幢风格各异的花园洋房、新式的里弄和公寓等组成的最新式的高级住宅区。

五大道地区，著名作家兼文化遗产保护专家冯骥才先生是这样总结的："房屋的尺度宜人，倾向低矮，隔院临街，院中花木遮翳，掩住里边的楼窗。顶要紧的是，院墙全是实墙，很少使用栏杆。"这一片街区形成了独特的景致，一是这里的西式建筑群体景观千姿百态；二是建筑的私密性构成了深幽寂静的街市风格；三是该地区的建筑可以说是历史的记录和见证，中国近代史上许多历史名人和对中国近代史有影响的官僚政客、买办、达官显贵均在此居住过，五大道俨然就是近代历史名人荟萃之地。这里曾有很多中国近现代的历史名人居住，记录了近现代天津历史，蕴含着丰富的历史文化内涵，使五大道形成了独特的和浓厚的历史沧桑感，如图2-4所示。

图2-4　五大道

　　五大道地区至今仍保持着别致新颖、幽雅安静的风貌，身在其中使人有远离喧闹浮华的尘世之感。虽然"租界内大量房产来自中国人的投资，但西式建筑风格和工程技术的直接影响，使租界内华人建筑达到了现代水平，其施工质量现在看来仍是较高的"。时至今日，"五大道"一带依然是天津市的高级住宅区代名词。

2.3　风情万种的"小洋楼"

　　近代天津租界建筑中数量最多的当属住宅建筑，人们习惯上称之为"小洋楼"。这些小洋楼记录历史的同时与各国建筑特色结合起来，使西方近代各种艺术思潮得以在中国传播和发扬。这些建筑既有对古典传统的折衷延续，也有对住宅建筑的浪漫主义、工艺美术、新艺术、装饰艺术等现代思潮的体现，同时杂糅了各种现代风格。住宅建筑体现了西方近代以来的各种建筑风格和特色，甚至包括了自中世纪以来各国民间的做法，使我们很难确定绝大多数小洋楼是哪一种具体的风格，但基本上可以概括为以下几种。

2.3.1 地中海风情

意租界的洋房在近代天津租界建筑历史上是最具地中海风情的。在费洛梯中尉的规划下，意租界成为近代天津九国租界中唯一的建筑风格统一而又采用母国风格的租界。这里的洋房几乎就是意大利本土风格的翻版，有意大利佛罗伦萨的托斯卡那风格的再现，也有对古罗马、文艺复兴等意大利古典主义风格的体现。

与五大道地区住宅建筑纷繁杂陈的特点不同，意租界总体上是以地中海风情为基调，并在此基础上有所发挥。例如，运用塔楼、墙面等的一些细节和局部的变化来体现每个建筑的特点，使其具有鲜明的个性。意租界房屋的坡顶同样是地中海风情，采用平缓的坡度设计，坡面一般使用橘红色的鱼鳞瓦铺成。平屋顶的住宅则一般采用深出檐的做法，再辅以牛腿、小柱廊等意大利特色的元素，体现出了浓厚意大利的本土建筑气息。

地中海风格的代表之作是梁启超故居。梁启超故居是一座二层小楼，带有地下室。楼的一、二层是地中海地区住宅常用做法，开敞柱廊，东侧八角形角楼在房屋主体最主要的转角处，呈竖向构图。屋顶同样是平缓红色坡顶，体现的是典型地中海地区别墅住宅的特点。1924年，意大利建筑师白罗尼欧设计了梁启超的书房，即著名的"饮冰室"。饮冰室是两层砖木结构建筑，正立面十分规整，中轴对称，入口处有三开间科林斯柱式圆券门，用平滑的石材贴墙面。楼前是花园式的额庭院，中间有花坛，花坛由甬道围绕，南北两侧种有藤萝，透空的花墙，整体风格呈意大利文艺复兴风格，幽雅闲逸，如图2-5所示。

英租界威灵顿道上有一座疙瘩楼也是意大利风情的住宅，建于1937年，由意大利建筑设计师保罗·鲍乃弟设计，因其外檐里面巧妙地运用琉缸砖形成的"疙瘩"做点缀，人们习惯上称其为"疙瘩楼"，如图2-6所示。

著名京剧表演艺术家马连良曾在此居

图2-5 梁启超故居饮冰室

住。疙瘩楼为四层砖木结构。底层是汽车房，二层是客厅、餐厅，三、四层是卧室。房间宽敞明亮，功能齐全，内装修高级，有菲律宾木地板、灯光灰线和挂镜线，居住和使用都很方便。疙瘩楼的建筑特色体现在外檐立面巧妙地用琉缸砖形成的"疙瘩"作点缀，由此得"疙瘩楼"之名。外墙上的砖面凹凸不齐，阳台的栏杆像珍珠串起来，窗户旁边有水波纹的花饰。墙面疙瘩、阳台圆形的珍珠状栏杆以及水波纹花饰，相映成趣，极具意大利风情。

图 2-6　疙瘩楼

2.3.2　西北欧风情

　　近代天津各国租界的开发和建设中，以英、法两国租界开发较早，建设较为全面，且留存下来的建筑数量也最多。两国租界现存建筑里西北欧风情住宅较多。此类建筑最直观的特点是直线和曲线高坡顶。由于西北欧地区天气寒冷，通常不采用地中海地区建筑常用的外廊，墙身也普遍采用砖、石等材料，有些建筑还用小尖拱等哥特元素加以装饰。西北欧建筑风格特点与南欧的地中海风情形成了鲜明的对比。

　　西北欧住宅建筑还有一种是安妮女王风格（Queen Anne Style），"建筑通常用红砖砌成，山墙形状各异，用醒目的白色木框架划分墙面，还有突出的窗户、露台和护栏等"。坐落于奥租界海河岸边的袁世凯旧居就体现了安妮女王风格，建筑的山墙与德国的奎德林堡非常相似，如图 2-7 所示。

图 2-7 袁世凯旧居

2.3.3 近代古典风情与殖民地古典风情

古典建筑在欧洲建筑史上的代表是"纪念性"的建筑，采用庄严的构图，大型建筑较多，即便运用在住宅建筑上，小型民间住宅建筑也很少使用，大多运用于大型府邸。近代天津有些小型住宅建筑却是运用非常明显的古典元素来组织建筑的整体形象，形体变化多、装饰灵活，但不具有典型的"山花"、柱列立面、开窗面积大等特征，属于具有古典风情的非典型近代古典建筑范畴。

孙殿英旧宅属于非典型古典建筑的典型代表，旧宅正立面采用中轴对称的形式，一层建筑设有螺旋双柱式列柱，顶部出檐，下有粗壮的牛腿等古典元素，正面和侧立面均大面积开窗，很具有近代古典风情，如图 2-8 所示。

古典建筑和罗马风格相结合的建筑还有如颜惠庆旧宅。颜宅总体为褐色琉缸三层砖木混合结构，红瓦坡顶，琉缸砖清水墙面。该建筑的外立面三段式构图呈对称式布置，三段之间的比例关系是古典主义风格；立面的中部采用半圆形联拱券突出显示四联拱形外廊，拱形外廊和方窗之间形成了鲜明的对比。

图 2-8　孙殿英旧居

2.3.4　近代装饰与现代风情

　　现代风格在天津租界住宅建筑的集中体现是公寓建筑楼。民园大楼、香港大楼和茂根大楼为代表，这些公寓大楼共同的特点是均采用了砖石结构，外形简洁呈几何形状，平顶、装饰简单或没有装饰。奥地利建筑师盖苓设计的民园大楼和香港大楼是包豪斯的"简单平面简单立面，重功能轻装饰"的建筑理念的运用和演绎。

　　建于 1936～1937 年的民园大楼，位于加的夫道 66～68 号，原为三层建筑，1992 年加建成四层。占地面积 3058m²，建筑面积 7376m²，共有 295 间房屋。整座大楼建筑平面根据地形而展开，由甲、乙、丙、丁四组不同的单元式住房组合而成。一层东面和南面有九个开间长的通阳台。内平面有小天井为房间提供通风和采光。每个单元均有起居室、卧室、厨房、备餐室和卫生间，还建有壁炉。内装修非常讲究，起居室和卧室的地板是硬木拼花，居室门上镶有大片的磨花玻璃、把手是铜质的。其余设施诸如卫生间有脸盆、坐式便器，厨房设有储藏柜等，居住十分舒适和方便。

2.3.5　象征主义

象征主义是 19 世纪以来的一股文艺思潮。在建筑中，则是通过建筑物来表现一个观念。天津英租界的马场道上一处有三幢楼组成的建筑群，就是楼主人刘冠雄按自己意图而建造的极具象征主义特

图 2-9　刘冠雄旧居望远镜楼

点的建筑。该建筑的主人曾担任过民国首任海军总长，1923 年辞官，由于其曾在海军服役的缘故，到天津后，便在天津租界建造了仿照海军舰船舰队的寓所，称为"陆上舰队"。该寓所由中、西、北三座楼组成，其中中楼是仿造航空母舰的上层式样，西楼是巡洋舰，北楼是立放着的望远镜。现存的望远镜楼为三层，有地下室，屋顶为罗曼风格，阳台较长，由牛腿支撑，阳台的栏杆呈花瓶状，极具特色，如图 2-9 所示。

2.4　租界规划建设及管理特色

2.4.1　以香港模式为管理蓝本

天津租界在划定后，其实行的管理方式主要参考和效仿香港行政管理制度、推进近代港区建设以及市政工程建设等方面的模式，实行的是"一地两制"的方式。

外侨来香港选择商业区买地置业，一般喜欢选择荒僻的海边滩地，其主因之一是临近深水港湾，便于建港行船；二是出于经济利益的考虑，偏远地区地价低廉；再有就是远离华人聚集区，对当地华人居民的生活影响不大。"1842 年 3 月香港对外侨人居商业区实行土地登记，1848 年确定 999 年的租期，香港实行永久租期，对投资者具

有吸引力。土地拍卖也为香港政府带来可观的财政收入。"天津的租界当局沿袭了香港的做法，将租界里的地划分区块公开出售，从而获取了高额的土地收入。

天津英、法、美租界选址在海河西岸的紫竹林一带，也是出于上述原因，海河约有3km沿河低洼荒地被三国选中，三国在河岸修建码头，在租界内吹土垫地，良好的市政设施和便利的交通促使近代天津航运的中心码头由老城三岔口一带，向东迁移到了紫竹林一带，海河西岸紫竹林一带遂成为新的商业码头，成为新的货运集散地。由于此地交通便利、环境优雅，很快英、法租界就成为近代天津商业最繁荣的地区。

2.4.2 依法管理，华洋杂居

1860年天津开埠后，英租界当局同样是借鉴了香港的辖区实行华洋杂居、法治管理的管理办法。英租界于1870年颁行了管理条规，严格按照条规管理租界社会的各项事宜，租界的公共卫生、交通、社会治安等均纳入法律管理范畴。1880年天津航运中心逐渐从老城三岔口一带移到法租界紫竹林码头区，之后码头也沿河发展到英租界。沿河的"马路以碎石铺成，夜间街灯明亮"。1891年开辟的英租界新区明确"严格规定必须是外国式的建筑，营造计划必须先送工部局批准""住户不限国籍""严格的规章制度将租界建筑的设计、施工、使用均置于法规监督之下"。虽然建筑必须是外国式的，但住户不限国籍。

租界公用事业先后投入了营运：1888年开始使用煤气灯，1898年通了自来水，1903年使用了电灯和电车，1904年有了电话。西方物质文明的成果不断地运用到租界的社会生活中，使租界成为生活设施齐备、生活便利的社区，吸引了很多华商前来投资居住。

2.4.3 多为华人投资居住

清末民初的社会大变局也直接导致了租界的华人消费群体人数的增长。民国初年，北洋政府下野的官僚政客、军阀政要等纷纷选择天津租界寓居，这些人都具有相当的资财，他们或者买地建屋自住，或看到商机进行投资，加快了租界小型住宅的投资和开发进程。"1916年租界建造小所住房多处，落成后均为上等华人赁住，以意租界最多。"1930年左右，租界小洋楼的主人中华人占了多数，外侨却为少数了。外国建筑师还将国外的高档公寓设计理念带到了天津，奥地利建筑师盖苓，设计了民园大楼、香港大楼、剑桥大楼等公寓式住宅，将一栋大楼分成若干个单元，每个单元均为独立的空间，单元内各项生活设施齐全，方便舒适，吸引了华人来此居住。

2.4.4　中西建筑风格的大融合

晚清西方建筑在租界大量出现，"是在近代外来文化强势背景下，营造出一种融合中西的文化区。是以欧美城市的建筑景观作为文化识别特征之一。在20世纪20年代中期大体定型"，形成了近代天津城市的特质和基本风貌。

近代天津租界的建筑在中西建筑文化相互借鉴、创新发展中实现了大融合，创造了具有时代烙印的中西合璧的建筑景观。

1. 建筑设计风格多样，因地制宜、多元共存

建筑设计和建筑施工从业人员众多，汇集了瑞士、奥地利、英、法、意大利和比利时等国建筑师，他们设计建设了大量的建筑作品，见表2-1。

20世纪20年代以后，一批具有留学背景的天津本土建筑师逐渐成长起来，他们的作品超越传统，中西兼容。他们也加入到租界的设计与建设之中，设计了一批经典的传世之作。最有代表性的是留美建筑师关颂声成立的天津基泰工程司，其业务遍及全国，以设计新颖而著称。基泰工程司除了设计了中原公司外，还设计了基泰大楼、中国银行和大沽路上的基督教青年会。1920年设计的天津永利化学工业公司大楼令业内震惊；另外，在天津设计的著名作品还有南开大学木斋图书馆、浙江兴业银行、前美国驻华大使馆等，在国内其他地区也有很多优秀作品传世。

外国建筑师、建筑公司、代表作品一览表　　　　表2-1

国籍	建筑师	所在公司	代表建筑
瑞士		开乐利工程司	国民饭店、犹太教堂、中国大剧院、李吉甫住宅
奥地利	盖苓	盖苓美术建筑事务所	香港大楼、民园大楼、剑桥大楼、关颂平旧宅、李勉之李慎之住宅、章瑞庭住宅、贵州路与西康路住宅群
英		商景明工程司	麦加和银行、英国乡谊俱乐部
英		同和工程司	汇丰银行、开滦矿务局大楼
英		永固工程司	耀华中学、英国文法学校
法		永和工程司	原工商学院大楼、渤海大楼、利华大楼
法	慕乐		劝业场
意大利	白罗尼欧		梁启超故居
意大利	鲍乃弟		安乐村、疙瘩楼
比利时	沃尔盖	商仪昌公司	桂林里住宅

　　1928年落成，由中国建筑师吴颂声、朱彬、杨宽麟设计的中原公司大楼，建成后曾轰动一时。中原公司大楼建设采用了钢筋混凝土框架结构，主体7层，有塔楼，楼总高31m，是当时天津最高的建筑，也是近代天津第一座大型百货商场，曾在一段时间内成为天津的城市标志，如图2-10所示。

　　著名建筑师沈理源设计了浙江兴业银行、劝业场转角等作品，均受到好评。

2. 建筑材料使用多种多样

　　天津开埠前无论是民居还是公共建筑基本上均为砖木结构，形制单一。租界建筑开始石料、混凝土、玻璃等建筑材料兼用，还逐渐采用了钢筋混凝土框架结构，"建筑外观上引进了巴洛克墙饰、三角形山花屋檐等欧式建筑风格"，丰富了建筑材料在建筑中应用的种类，也为设计师提供了更大的设计空间，改变了以木料为主要构材，以飞檐、粉墙作为装饰的中国传统建筑设计思路。

图2-10　中原公司大楼

3. 现代与传统相结合的里弄式民居

里弄式民居是近代在租界产生的一个新型的建筑模式，设计师的设计以考虑城市居民实际生活的方便和舒适为原则，结合了中国传统的四合院元素、欧洲联排别墅式民居的分户进出等特点，保留了传统民居的开间、布局等，以正门的巴洛克装饰为代表性标识。近代天津早期分布在租界以外里弄的房子基本上就是平房和两层楼，没有很高的房子，俗称"锁头式"住宅。"租界区从20世纪30年代开始兴建的新式里弄住宅也沿用这种某某里的命名方式，设施分档，一般为多层公寓商品房"，内部格局和设施是现代化的，自来水、电灯、抽水马桶均备。里弄民居商品房的设计似乎也印证贝聿铭"深入其境"的时间、文化、地点是建筑设计的要素的建筑理念。"至今，里弄民居的设计仍属近代优秀建筑之列，成为城市的近代记忆符号。"

4. 西方建筑中国化

建筑设计融入了本土元素。近代天津租界的外来文化是强制性侵入的文化，但是在侵入过程中，本土的文化对其也有选择和过滤，而不是原盘照搬，西方建筑也融入了很多天津本土建筑的特色。砖雕和石雕技艺是天津建筑的一大特色，租界的许多有特色的建筑中的细部均将其加入，如紫竹林教堂上的石刻、望海楼教堂上的砖雕，都运用了中国佛教的莲花、宝珠，龙、凤、蝙蝠和麒麟等动物造型，还有松、竹、梅、兰、菊等植物雕刻，以及福、禄、寿、喜和祥云等吉祥符号，如图2-11所示。其精美的传统雕工技艺是天津本土文化特色在西式教堂上的运用。

袁世凯在天津小站练兵发迹，故在天津修建了多处住宅。其中，1901年在英租界达文波道建了一所住宅，为西式尖顶、中式檐廊，将中西建筑结合起来；他还于1908年在奥租界二马路的海河边上修建了一所住宅，为英、德建筑师设计的欧洲古典式建筑，设计师在这所楼的二、三层之间还专门设计了一间八角形房屋，几面窗户都朝海河，无论潮涨潮落，河水都好似往八角楼里流，象征财源滚滚流入袁家，将中国传统的风水理念融入了设计之中。

北洋军阀吴新田的住宅体现了对外来文化的过滤和中国化的改

图 2-11　望海楼教堂局部

造。吴新田定居天津租界英租界马场道，其居所与海军总长刘冠雄对门。吴新田对中国传统的五行八卦非常在行，认为刘家宅邸象征统帅海军，刘宅属"水"，吴新田认为对他家不利，因为他是陆军，属"土"，刘宅还比自家房子高出一截，刘宅楼高就如水势居高临下，有漫淹土势之虞，水土相克不吉利。于是吴新田便在新扩建主楼时让设计师在图纸上再加一个亭子，而且要求高度一定要超过刘宅。吴宅落成后，主楼果然高出了刘家"舰楼"。

庆王府是中西合璧的典型建筑，坐落在重庆道 55 号。是清朝最后一任太监总管张祥斋（小德张）所建，1925 年庆亲王载振从小德张处购买了此宅，故又称"庆王府"。"庆王府"是小德张按照自己的想法设计的，体现中国传统四合院的思维，门楼两旁有倒座，作为辅助房间，体现了中国传统的民居风格。建成的洋楼由小德张亲自监工建造，为时一年才完工。全楼为青砖木结构，三层带地下室，整体建筑高大雄伟，围墙高耸。主楼是西洋柱式回廊，两层外廊的琉璃瓦栏柱采用了皇家专用颜色蓝黄绿三色。门廊是显示宫殿气氛的复合柱式，采用的是中国传统的琉璃柱。正门有上窄下宽的 17 级半台阶，表示谦卑。进门厅处，有中西合璧的木雕隔扇，为上部拱形的比利时玻璃镜，如图 2-12 所示。楼内中正是欧洲古典风格的开敞天井式大厅，面积为 349.69m^2，大厅顶部悬一组葡萄造型吊灯。正式住房在大厅的四周，均呈"明三暗五"对称排列。这座建筑处处体现了等级观念、君臣思想，但西洋式回廊上的栏杆却采用了中国皇家传统的蓝、黄、绿三种颜色的琉璃柱，却正是社会转型期一些人思想烙印的体现。

029

图 2-12　庆王府入口

图 2-13　孟氏家庙

在小说《北鸢》里描写为"洋人皮儿，中国里儿"的孟氏家庙，坐落在意租界的桑朱利亚诺侯爵道。建于 1921 年，是山东绸缎庄东家孟养轩的家族祠堂。沿街的前楼立面用西洋方壁柱、檐口齿饰和铁花图案阳台栏杆做装饰，是典型的意式风格，如图 2-13 所示。里面主体为三层砖木结构，东西厢房是两层，面阔五间。平面呈"口"字形，为带天井式四合院格局。正房与厢房檐廊环通，饰有花牙、额楣、雕饰等，门窗均为圆拱券式。其主楼层高比一般传统四合院高出很多，由木廊连接在一起。前楼与厢房楼顶后坡做平台，站在前楼的平台上，看到的是后面厢房的坡屋顶和青砖黑瓦，建筑风格古朴典雅，是典型的中西交融的折衷主义建筑。

2.5　华洋共享公共文化空间

分布在海河两岸的九国租界，其行政区域是各自独立的，导致城市的标志性景观区呈现为多中心布局。其中形成最早景观中心就是英租界中街，这条街的建筑景观整体风格基本一致、特点各异但又和谐。英租界中街与海河西岸平行的是第二条直通海河的道路。英租界中街北段的古典主义建筑以银行建筑为主，这些建筑外墙用花岗岩贴面、花岗岩柱式，既庄严又富丽堂皇；采用进口的钢窗、黄铜大门；室内地面大理石铺就，显示出近代银行建筑典雅华贵、坚固、厚重的风格。而"中街的路面平坦，两旁有双排的榆树，也由于一些外观美丽的大洋房的出现，租界出现了固定而明显的结构"，中街的南端是建于 19 世纪 80 年代的维多利亚花园，花园的北侧是市政厅戈登堂（建于 1889 年）紧邻公园是三层高的利顺德饭店，东南角是欧战纪念碑，三个建筑成为花园的主要背景建筑——中街将戈登堂、维多利亚花园、欧洲纪念碑连成一线，形成了一条景观大道，也是英租界重要的举办活动之地。维多利亚花园最初是不允许华人入内的，但是作为近代天津第一个露天的公共开放空间，还是给华人带来了新的体验和感受，花园绿草如茵、花团锦簇，经常有各种庆典、露天音乐会等，无不使华人看到了不一样的世界。

法租界形成以法国花园为中心的景观区。法国花园呈正圆形，花园建造之初周围没有多少建筑，随着租界的发展，花园四周逐渐建起了一圈造型新颖、风姿各异的花园洋房后，以小亭为圆心的四条园路连接到花园大门，而每个路口都对应着景观建筑，建筑景观与园林景观恰到好处地融为了一体。

租界在近代中国可以说是一个华洋杂居的特别行政区域，租界里形成了以外国建筑为要素的社会公共空间。其特点是华洋共享、功能不同。在近代华人看来，这些公共空间是陌生的、新奇的、现实的，同时又是开放的。近代以来西方建筑通过租界这个窗口，无论在形式方面还是内容方面，向中国人展示出了一种"异质"文化，在展示的过程中，这种异质文化并没有也不可能将中国传统文化全部同化，却是经中国文化有选择地吸收和借鉴后，通过中国传统文化结构不断地进行"再次结构"。就如萨林斯所主张的那样——"结构是'历史中的结构'，无论中国文化也好还是被中国文化过滤的西方文化都处在一种变化过程中，因此文化的意义是流动、变化的，不断进行再生产的"。

建筑文化在其生成和转换过程中与权力的关系密切，天津租界的空间就包含了多重的文化象征意义。租界建筑的形成具有历史特殊性，文化象征意义往往同时存在，使得文化与权力的关系表现得既时而显现又时而隐秘。对文化群体而言，在不同的历史时期，就会表现出不同历史时期各种社会层面的意义。权力又通过"再生产"创造新的资本，在这种权力与资本的互动中，建筑的意义不断地生成并加以转换。

建筑，作为一种人类的文化创造，它实现了具有双重属性的抽象空间的具体化。建筑是人类在进步阶梯的记录，准确地反映了人类社会发展的轨迹。

参考文献

[1] 赵津. 租界与天津城市近代化 [C] // 刘志强，张利民. 天津史研究论文选辑. 天津：天津古籍出版社，2009.

031

［2］杨秉德. 中国近代城市与建筑（1840—1949）［M］. 北京：中国建筑工业出版社，1993.

［3］吴弘明. 津海关贸易年报（1865—1946）［M］. 天津：天津社会科学院出版社，2006.

［4］天津社会科学院，天津市社会科学界联合会. 城市史研究（第26辑）［M］，天津：天津社会科学院出版社，2010.

［5］常南. 英国汇丰银行的经济掠夺［A］//中国人民政治协商会议天津市委员会文史资料研究委员会. 天津文史资料选辑第九辑. 天津：天津人民出版社，1980.

［6］（英）雷穆森. 天津租界史（插图本）［M］. 许逸凡，赵地，译. 天津：天津人民出版社，2009.

［7］卢碧涵，韩毅. 象征主义与铁岭新城钻石广场总体设计［J］. 城市建筑. 2016（21）：7，10.

［8］李琦. 杂陈、共生与融合——联系西方近代建筑发展的天津历史建筑解析［D］. 天津：天津大学，2009.

［9］李思凡. 天津五大道历史街区文化旅游发展探究［D］. 天津：天津音乐学院，2017.

［10］武玉华. 天津基泰工程司与华北基泰工程司研究［D］. 天津：天津大学，2010.

［11］李东晔. 从"租界"到"风情区"——一个中国近代殖民空间在历史现实中的转义［D］. 北京：中央民族大学，2007.

第三章　园林文化

　　中国是园林艺术起源最早的国家之一，具有悠久的历史文化，以独特的园林艺术特色而在国际上享有盛名。中国古代园林按功能特点大致为三类：一是为皇族而建的皇家园林，二是为官宦而建的官署园林，三是为富商而建的私家园林，并不对普通公众开放。宗教园林虽具公共性，但属于宗教性质，并不具备真正意义的开放性。近代天津开埠前虽然不乏景色优美的园林，如著名的水西园等，但是这些园林只限于小范围内人员的游玩娱乐，并不对普通民众开放。随着九国租界的划定和租界内建设的发展，天津的租界里才逐渐出现了对社会公众开放的园林。

　　这些公共园林是伴随着帝国主义武装入侵而出现的，天津城的开放，"给欧洲列强一个足以威胁京城的基地"，侵略者为营造侵略、掠夺和殖民贸易的环境，满足其生产生活需要在租界里进行了一系列生活设施建设，使近代天津在国内较早地步入城市近代化的行列。公园就是其生活社区中的一个必不可少的社会交往和休闲娱乐的公共空间，由此，园林的功能实现了由私家园林"娱己、娱亲、娱朋"向"娱人、娱众"的转变。

3.1　近代天津租界园林概况

　　近代天津租界园林发展分两个阶段。第一阶段即19世纪中叶以后，园林以强调自然景色为主。以直线和直角进行田园式装点为造园特点，营造优美的自然环境。1880年修建的法租界海大道花园，据《津门杂记》记载，"地广百数十亩，路径曲折，遍栽花木，小桥流水，绿柳浓荫"，塑造了自然环境，极为优雅。第二阶段是19世纪末至

20 世纪初，公园呈多功能化趋势。体现在园林建设上开始注重休闲娱乐和运动，这个时期的公园开始增加运动设施、儿童游戏区等。1897年修建的英租界义路金花园，"园中花木甚繁，并有儿童游戏场"。

1887~1937 年间，各国租界内先后建有 10 座花园，英、法、德、日、俄、意六国先后在租界开辟公园、花园。其中英租界花园最多，共有四处，分别是维多利亚花园、义路金花园、久布利花园和皇后花园；法租界有两处，分别是海大道花园和法国花园；日、意、俄、德四国租界各有一处，即日租界的大和公园、意租界的意国花园、俄租界的俄国花园和德租界的德国花园。法租界海大道花园是最早修建的花园。

租界园林的建造，促使园林的功能逐步向成为改善城市的环境、为民众提供休憩、赏游、健身和社交的场所转变，租界花园逐渐落成，使"津城朱栱鳞比，园林怡神，彬雅之风弥漫"，除增加了城市的格调外，对近代天津城市园林向现代化转变起了一定的示范作用。

034

3.2　近代天津租界里的园林

租界园林是指坐落在租界，由当局开辟、建设的公园或者花园。公园的说法最早来自上海英租界的外滩公园，此公园是上海租界里最早的花园，也由此而引发出我国近代第一次出现"公园"这一概念。公园的英文名称为"Public Park"，晚清时被译作"公共花园""公家花园"或者"公花园"，以后就逐渐被人们称为"公园"。公园"然实为公众游憩之所，而有较厚之公用共有之意味"，是可以供大众共同享用的公共园林，或者称花园。天津的租界公园、花园共十处，分别建在不同的租界里。因为属于不同的国别，修建年代跨越两个世纪，所以公园的风格和特色也有所不同。

3.2.1　租界里的公共园林

1. 海大道花园

建于 1880 年，位于法租界海大道与巴斯德路交口（现大沽路西广场一带），占地面积数十亩，是天津租界最早的公园。1900 年以后随着租界的发展，花园原址的大部分地区修建了房屋，只留下了现法国公园的部分。有关海大道花园可参考的影像资料极少，具体布局和造景情况也无法考证，现可查到的资料只有《津门杂记》，其中描述："园于庚辰岁，构于海大道之西，地广百数十亩，路径曲折……绿柳浓荫，规模略具，每当夕阳欲下，西人携眷筹徘徊其间，为西人消遣之地。"此描述展现的是海大道花园所呈现的绿树成荫、小桥流水、曲径通幽、繁花似锦的景象。

2. 维多利亚花园

又称"英国花园"，即现在的解放北园。始建于 1887 年，是英租界里建造最早的公园，占地面积 18.5 亩，其布局呈方形。"全园规划采取西方传统园林的规则式布局，但在风格方面则具有非常明显的折衷主义风格。"值得一提的是，在该园英式风格的园林内修建有一座具有中国传统特点的六角凉亭，该园既有典型的英国园林风格，也有中国传统造园的自然式布局手法，形成了半规则、半自然的组合，是中西合璧式的园林，被称为"集仿主义"的造园。此园无论在建筑布局、绿植种植，还是园林管理等方面都较为先进，对天津近代园林的建造和发展影响很大。

1860 年在划定租界之初，英租界当局就开始规划建造一个花园，该地块原来是一个臭水坑，开始只是做了些简单的平整场地的工作，只是有人在此打板球，没有形成真正意义上的花园，而且时有垃圾成堆的现象。1887 年天津英租界工部局为庆祝英维多利亚女王即位 50 周年，开始投资修整该园。1887 年 6 月 21 日，英女王即位 50 周年纪念日这一天，该园正式开放。

维多利亚花园体现了英伦之风，布局典雅自然。花园四周设有铁制围栏，全园以绿地草坪作为主景，地形平坦。花园中心建有一中式六角凉亭，凉亭由一圈花池围绕，有四条放射小路直通花园的四个角门。小路旁布置了种有绿色植物的花架。中央凉亭东侧设一座与之形状相同的小亭；西侧有单坡面立窗式半地下温室花窖，立窗面向西南，顶部是钢筋白灰焦砟结构，其上筑成土台种植花草，游人可以在此散步；西南角曾建有兽栏，展示观赏性动物；东南角是火警钟、欧战纪念碑及雕塑等物；北侧原是马术训练场，后改建戈登堂，如图 3-1 所示。

图 3-1 维多利亚花园

维多利亚花园花木葱郁，所选种植物多为天津本土树种，种类繁多，乔木有"桧柏、雪松、油松、云杉、侧柏、龙柏、河南桧、蜀桧、毛白杨、龙爪槐、蝴蝶槐、柳树、洋槐、国槐、臭椿、江南槐榆树等"；花灌木有"连翘、木槿、紫荆、黄刺梅、金银木、西府海棠、石榴、木芙蓉、皂角、红果树、碧桃、冬青、女贞、黄杨榆叶梅、珍珠梅、沙地柏、紫藤等"；还有"月季、玫瑰、鸢尾、芍药、丁香、地锦等地被"。花园中还在摆放西式花钵里种植草花，形成了树木错落有致、绿树成荫，花团锦簇的美好景致。"园内花木茂盛，每至夕阳初下，西人便携孩童，多往游览，具有高尚情趣，为天津各国花园之最。"维多利亚花园建园的目的就是庆典集会，这是其最大的功能，兼具了供西人游览、散步的作用，还安置了供游人休息的座椅。每到夏季，几乎每星期在花园里都要举办露天音乐会。

3. 德国花园

现解放南园。建于 1895 年，位于德租界威廉街与埃姆登街交口东侧，占地面积约 20 亩。花园布局简洁，园内树木茂盛，以刺槐为主，并建有亭、阁、兽栏，园路均用小石子铺成。大门口迎面是德威廉二世的铜像，并辟有儿童游戏场。不同于中国传统园林，德国花园的园林形式及造园要素都是焕然一新的，采用了缓坡草坪、修剪绿篱、规则式花坛、人物雕塑等。1917 年德租界被收回后，该园一直处于无人打理的荒芜状态。

4. 俄国花园

始建于 1901 年，位于海河东岸的俄租界，占地 105 亩。是天津近代租界花园里占地面积最大，也是租界花园中唯一的临河畔而建的公园，如图 3-2 所示。

图 3-2　俄国花园

"园中水木清华，有俄名将极高坟墓，登临其上，可远眺，白河风帆，历历在目，亦为胜地。"园内种植了数百棵高大的杨树，开挖了深水池塘，设有花坛、绿地、亭宇等，浓荫蔽地，景色优美。尤其是傍晚时分，夕阳西下，余晖映照，绿树碧波，宛如画卷一般。《天津游览记》曾有描写俄国花园的诗句："夕阳红浸浪花圆，远水潮生傍晚天。光闪长堤疏密屋，声喧野渡去来船。飞轮碾碎波心月，孤塔冲开树杪烟。大好河干呈画本，欲皴妙笔写林泉。"

园内建有一座教堂，为东正教教堂，初名为"救世主堂"，用汉白玉建造，主堂只能容下 20 人左右。1922 年在小教堂原址又扩建了一座可以容纳二三百人的大教堂，命名为"圣母帡幪堂"。教堂外面摆放一排俄国军队占领天津时曾使用过的大炮。公园里有一个专供俄国人借阅的小图书馆，藏有俄、英、法、中等书籍。花园内还辟有运动场、网球场、游泳池和秋千等体育场所和设施。园内的水塘，冬天结冰后，还可进行溜冰运动。

5. 大和公园

建于 1906 年，位于日租界宫岛街、荣街、福岛街和花园街之间，占地 36 亩。大和公园具有典型的日本园林造园风格，"园小而精，设备不俗"，公园虽小，但颇具匠心，园中聚石为山，还有凉亭、土山、竹门、喷水池、莲花池、射圃等，花木繁茂。园中有一块纪念碑，纪念碑右侧有曲折的小路通向小山，小路旁种有各种郁郁葱葱的杂树，小山顶的爬山虎架下还放着石桌。园内还有一个红色的亭子，亭子周围摆放着盆栽野菊；亭边上有两个相通的水池，呈不规则圆形，环池种植有垂柳。左边水池种植的是荷花；而右边水池则用来养鱼，中间还有一个喷水台，傍晚时分开始喷水，非常漂亮。两个水池由一个小桥连接，相通处有典型的日式石雕的灯龛。纪念碑的东面有白色的藤萝架，园内种有杨树、椿树、槐树、柳树等乔木，还有姹紫嫣红的各色美人蕉、金钱梅、火麒麟等，以及被叫作扫地草的地肤，将园内装点成绿色。1913 年出版的《天津案内》记载："夏日夜晚散步于园内，凭依座椅，喷水高可射星，飞沫随风而散，凉味可掬。"园里还饲养了狝猴等小动物，设有儿童游乐堂等体育场所。在公园西侧的牌坊周围也成了日租界的活动中心，如图 3-3 所示。

《天津租界与特区》一书中记载称大和公园为"津埠各公园之冠"。在大和公园还经常举办春季运动会，显得十分热闹。战后，曾在天津侨居过的日本人回忆起他们在天津的生活，"对于我们战前在天津居住的日本人来说，印象深刻的还是大和公园"，可见大和公园给日侨留下了美好记忆。

图 3-3　大和公园

039

6. 法国花园

现中心公园。建于 1917 年，又名霞飞广场，系原海大道花园的一部分。"四周皆绕以铁栏，呈圆形，前后左右，各设一门，园中花木扶疏，设备尚周"，是一个直径 135m 的圆形公园，占地面积约 20 亩，为典型的法国规则式园林。花园由同心圆与辐射状道路分割，有四个园门。花园中心建有一座西式八角双圆柱石亭，并环以座位。石亭后有对称假山两座和梅花喷泉一座，四周种植了一圈洋绣球，外围则是修剪整齐的草坪，绿草如茵。园中种植国槐、杨树、白蜡、海棠、皂荚、枣树等乔木、小乔木，还有美人蕉等各种花卉。园路用小卵石散铺而成，园四周环以铁栏杆。公园建成时，周围建筑物不多，但随着公园四周逐渐建起一圈造型新颖、风姿各异的花园洋房后，以小亭为圆心，周围路网组成一个环形并放射出去，使每个路口都对应着景观建筑，使建筑景观与园林景观恰到好处地融为了一体，如图 3-4 所示。

花园里还有为儿童专设的车场和综合游乐场。园内还筑有法国民族英雄诺尔达克和被称为"和平女神"的法国女英雄贞德的铜像。贞德铜像右手持剑，左手握剑鞘，做纳剑于鞘状，意为刀枪入库、和平降临；贞德铜像右腿旁的雄鸡引颈长鸣，象征黑暗即将过去、光明正要来临之意（1941 年贞德铜像被日本侵略军拆掉后熔化做了炮弹）。原园中心的西式八角石亭于 1998 年因修建无池音乐喷泉被拆除。

图 3-4　法国花园

7. 意国花园

　　建于 1924 年，位于意租界马可波罗路，马可波罗广场的东南角，占地面积 8.18 亩。总体布局呈圆形，园内平面设计上采用了圆形布局，图案规整，线条流畅。中心为罗马式凉亭，在其轴线的交点上建有各种形式的喷泉和水池，使其成为园中突出的景点。园中种植有茉莉、千日莲、美人蕉等花草，且同类别种植在一起；树木以合欢树最多，园东面靠墙有一排由水泥柱支撑的木架，架上爬满爬山虎。正门朝北，有喷水池和花坛。花园东侧是中国儿童游戏场和避雨亭，西侧是外国儿童游戏场及小型花亭，东、西侧的儿童游戏场的设施完全一样。花园南边建有花房、球场和运动场。"广场花园建筑，浑然一体，优雅安逸，洋溢着浪漫主义气息，是各国租界广场里最漂亮的。"

8. 义路金花园

　　建于 1925 年，占地面积 6.12 亩，位于英租界。以种植树木为主，为我国传统的自然式布局的造园手法，主景为三座藤萝花架，青藤缠绕，玲珑剔透，充满生机。每年暮春时节是藤萝开花之际，一串串硕大的淡紫中带有蓝色的花穗垂挂枝头，灿若云霞，景色宜人。沿路的树木下设供游人休息的座椅。此园儿童游戏场占公园面积的 60%，设有秋千、滑梯和横木等，又有"儿童公园"之称。

9. 久布利花园

现土山公园。建于 1937 年，位于英租界大北道、福发道、奥克尼道围成的一块三角地，故花园布局呈三角形，占地面积 11.14 亩。久布利花园原是一块洼地，英工部局修大北道下水道时，将挖出的土堆积在此，故形成了一个高约五六米的小土山，久布利花园就此地势而建，土山花园的名称也由此而来。久布利花园的造园特点为规则式与自然式相结合。正门在东北角，由一组拱顶式石柱花架引入，紫藤爬满花架。园中部采用西方造园手法，为突出园中心景色，以草坪绿篱为底色，由六个为一组的扇形花坛环绕，用汉白玉雕成的欧式喷水花盘为前景，"喷泉吐练，水珠四溅，表现了西方园林奔放外露的特点"。园中地形起伏，西部小土山上栽种桃树并建有一座凉亭，山腰种植花草树木，幽静别致。全园以花池为主，种植从英国引进的月季花，周边种植乔木和灌木，形成百花争艳、绿树成荫的优美景色，如图 3-5 所示。

10. 皇后花园

现复兴公园。建于 1937 年，位于英租界敦桥道，占地面积 14.28 亩。花园原为英租界工部局沥青混凝土搅拌场，后搅拌场搬迁，在搅拌场原场址的西部修建了此花园。该园采用的是半规则式造园布局，以植物造园为主，风格中西合璧。中心部分是各种几何形状的花坛和草坪，花园外围种植绿树。中轴线不甚明了，但全园风格统一。花园由一个长 95m、宽 5m 的葡萄架和紫藤架将花园从中间隔开，形成东、西两大部分。西侧以种植绿植为主，栽种有杨树、国槐、小叶梣、栾树、海棠、松柏等树木，考虑到绿植的四季更迭特点，"春来海棠争艳，夏季芍药花开，秋到菊丛似锦，隆冬腊梅吐芳"，通过运用各种园艺手段对花草树木进行修剪整形，表现了整体的园艺效果。西侧建有儿童游戏场，设有三个滑梯、一处沙地以及秋千和跷跷板等儿童游戏设施。花园围墙为木板条隔栅，英式花园特色非常浓郁。

041

图 3-5　久布利花园

3.2.2 私家园林

1. 张园

张园建于 1915～1916 年间，是清末两湖统制张彪寓所，坐落在日租界宫岛街，为一座花园别墅。原名"露香园"，因其主人姓张，故又名"张园"。张园的享誉于世，不仅是由于园子优美，更主要的是因为此园中曾住过中国近代史上两位著名的人物，一位是中国革命先驱孙中山，一位是清朝逊帝溥仪。

1924 年，中国革命先驱孙中山先生应冯玉祥将军之邀北上共商国是，途经天津时曾在张园下榻；1925 年溥仪从北京逃到天津后便居住在张园，张园俨然成为溥仪的"行宫"而名气大增，至 1929 年溥仪在此居住长达五年。

张园占地面积有 20 余亩，园内建有一处别墅，园中绿化、建筑小品，以及亭台楼阁、掇山叠石、鱼泉水榭，样样俱全。

该园还曾于 1920 年租给广东人经营露天游艺园而名噪一时。1923 年收回后重建，1936 年又进行了一次改建，1976 年唐山大地震将塔楼震塌，虽经修缮，但未能恢复原状，现存主体建筑，园林景观除假山石和门口一对石狮子尚存外，其他已不存在。

2. 静园

原名乾园。建于 1921 年，位于日租界宫岛街，占地面积 4.95 亩，建筑面积 3.093 亩，是北洋政府驻日公使陆宗舆的私宅。1929～1931 年溥仪在此处居住。溥仪居此有"静以养吾浩然之气"之意，遂将乾园改为"静园"。静园是除了北京故宫博物院、长春的伪满皇宫博物院以外，溥仪最大的一处旧居。

静园大门朴素，整体建筑为日式木结构，兼以西班牙建筑的样式，是三环套月式的院落，有前院、后院和西跨院三道院。乾园的主体建筑是两幢砖木结构的小楼。前楼为主建筑，呈西班牙式风格，共两层，建有阁楼和地下室。

静园主楼的庭院，种植了杨树、槐树、丁香树、藤萝架等树木和花草，园内还有鹅卵石铺成的曲径，有金鱼池、地灯等设施；主楼西端伸出一处长 17m、宽 1.5m 的外廊，西跨园内有几处叠石和一座喷泉。

3. 庆王府花园

位于英租界剑桥道。始建于 1922 年，原系清朝著名太监张祥斋（小德张）修建。1925 年庆亲王载振迁居到天津，第二年卖掉了其在天津的另外两处房子，以 40 万两白银的价格从小德张处购得此园，由此人们便把此宅称为"庆王府"。庆王府花园是租界园林中保存最为完整的一座私家园林，具有显著的中西合璧风格特征，其将中国园林的特色和法国古典园林的风格集于一体，花园内置以笋石为点缀。

庆王府主楼的东部大花园即为庆王府花园，占地面积约 1.155 亩，是一处具有皇家园林特色，又兼有江南园林小桥流水特点，在布局上注重将中国传统的风水的理念和园林的造景元素加以运用的同时还融入了西方造园手法的园林。

花园四周栽有古槐、黄金树、雪松等具有中国传统文化内涵的乔木。分南北两部分：南部是典型的中式园林，花园入口处道路两侧放置一对小石狮和一对笋石；南部花园里有一座假山，假山上还有一个小山洞，内置有铁拐李的铁塑像，寓意为八仙之一的铁拐李，身背装满水的葫芦，可以灭火，象征着这座庆王府安全防火。山上种有槐柏，有一条曲径通向中式凉亭；凉亭尺度比较小，却成功地将假山衬托出来。园内溪泉、小桥、石路等中国传统筑造园要素一应俱全，将中国南方传统园林的造园特色充分展现出来，如图 3-6 所示。北部的风格体现西式园林特色，铺有草坪，位于花园南北轴线上是一座法式喷泉，喷泉水池直径约三米，池内南北两侧各有一对青蛙石雕向中心喷水，主体石雕呈塔形，顶部制有"南极翁"，下部是四只栩栩如生的天鹅与青蛙相对，天鹅下方雕有兽足一只，非常精美。表现了西方园林奔放外露的特点。南部中国园林特点和北部喷水池为中心的西式园林相呼应并不显突兀，恰到好处地形成了中西合璧的园林。

图 3-6 庆王府花园

3.3 近代天津租界园林的特点

3.3.1 租界园林的艺术风格和设计手法

近代天津九国租界中各花园之间由于建造时间跨度大，国别多，呈现出不同的文化特点与格局特色。园林艺术的发展和其母国园林风格的传统的结合，表现出不同的园林风格，最突出的特点是造园手法和造园要素则带有鲜明的各殖民国家的地域特征的同时，也注入了中国传统园林的自然式布局元素。总体来看，大部分园林的艺术风格基本还是属于折衷主义特色的园林范畴。

1. 园林规划

（1）折衷主义风格。17世纪以后，英国的园林艺术逐渐摆脱法国、意大利、荷兰等国家规则式园林布局的束缚，受到中国传统山水园林的影响，创造了与欧洲传统古典主义背道而驰的具有英国特色的自然式风景园。19世纪后欧洲的造园风格已逐渐演变为将规则式花园与自然式园林相结合的折衷主义风格。近代天津英租界的皇后花园是这一特点的典型代表，皇后花园在设计和建造中将几何式的花坛和自然式的植物相搭配，使得规则式和自然式造园手法相得益彰，自然新颖。天津法租界法国花园，则在采用规则式图形方案设计的同时，并没有完全将规则式风格实施在整个花园的每个细节，而在许多细节上表现出一些折衷式的倾向。

（2）强调园林中心景观。租界的花园均通过设定花园中心，再同时向几个方向辐射，用花园道路来分割园地而达到强调构图中心的布局手法。19世纪中叶以来这种布局特点在欧洲的花园中是很常见的，因而这种建园手法也运用到了中国租界的花园中，像天津英租界的维多利亚花园、法租界的法国花园、意租界的意国花园等均呈现了此布局手法的特点。

（3）沿袭其母国风格。近代天津租界的公园，如日租界的大和公园和俄国花园等的布局，受其母国园林形式的影响较大，但此种现象在租界公园里是少数。大和公园的园中以山石建造小山，小山上搭有凉亭，两个池塘分别建有喷水池、莲花池，还专门开辟射圃，公园里的"鸟居"牌坊和日式石雕的灯龛则是典型的日式风格。维多利亚花园中于1919年建立了一座纪念一战阵亡的英国士兵的纪念碑，样式也是完全仿照了伦敦白厅纪念碑，体现了典型的英伦风格。

2. 园林小品

近代天津租界园林中的小品如喷泉、园亭、日晷、花钵等都是英国园林中最为常见的园景，受英国传统造园要素的影响较大。但租界花园中的喷泉、园亭、花钵、日晷等小品同欧洲本土的园林小品相比而言，略显朴实而简陋，不够精致。租界园林里的园亭通常都是设置在直线道路的终点或中心观景点上，如维多利亚花园的中心亭、法国花园的中心八角亭、意国花园的中心亭等均体现了这一特点；久布利花园由于比较小，为体现花园的中心，在设置喷泉时就将汉白玉喷水花盘作为前景，没有刻意过多地追求其理水技巧，体现出西方园林奔放外露的特点。

3. 园林植物应用

天津租界园林在绿植应用方面，体现了18～19世纪以来，欧洲兴起的重视对园林植物的材料收集、驯化、应用之风。租界里的英式花园则是此风的代表，在花园中收集有大量的中国植物，不仅种植有露地的花卉，而且还种有水生植物和高山植物，堪称租界园林中运用植物材料造景的典型代表。天津英租界的维多利亚花园就种植了数十种中国本土的各种花卉和树木，植物品种丰富、搭配合理、管理得当。皇后公园虽然面积不大，但在园中同样运用大量树丛、树群以及草坪等植物造景，并利用各种园艺表现手段将这些树丛、树群进行整形剪修，与绿茵草坪相映成趣，形成了层次丰富的植物景观。

4. 风格杂糅

无论哪个国家通过不平等条约在中国的领土上划定了租界，虽然其享受了不平等条约为其带来的一些特权而进行文化侵入，但不可否认的事实是，在中国领土之上源远流长的文化不是靠强权侵入就可以彻底改变的。

近代天津租界园林集中营造的这段时期里，正是英国的折衷主义风格在西方造园活动中占主要的地位的时期。作为园林营建负责者的各租界当局主要是英国人，且折衷式造园形式符合中国东部沿海城市的自然地理环境，所以租界园林中往往或多或少地带有一些英国风情。中国传统园林经过几千年的演变已经形成自成体系、风格独特的文化。对于西方殖民者来说，在其建造并管理租界园林的过程中，也会考虑结合一些中国传统造园要素，使其园林建筑小品具有一些"中国风格"。英租界维多利亚花园的中心园亭便是仿照中国式的六角亭，在中心凉亭东侧还放置了一座与之形状相同的小亭，相当于一个园林小品，点缀在花园中；义路金花园以种植树木为主，主景为三座藤萝花架，青藤缠绕，既体现了英国传统园林的风格，同时也具有中国园林自由式的手法。租界里各个公共园林虽然有些造园上采用了"中西合璧"的手段，但总体形式上缺乏统一性和结构的完整性，有些粗糙。

对中西合璧特色的体现较有代表性的园林是庆王府花园，花园在布局上十分注重中国传统园林的特色，将中国传统文化的风水的理念和传统造景元素加以运用，而且把中国古典皇家园林的特色和法国古典园林的风格集于一体。花园四周栽有古槐、黄金树、雪松等具有中

046

国传统文化象征意义的乔木。花园由南北两部分构成。南部为中国风格，入口处道路两侧放置一对小石狮和一对笋石；置一座假山，山上种有槐柏，有一条曲径通向假山上的中式小凉亭以衬托和突出假山；园内所建的溪泉、小桥、石路等均为中国传统造园要素，将中国南方传统园林的造园特色充分表现出来。北部为西式风格，铺以草坪，在花园轴线上有一西式喷水池，体现西式园林简洁明快的特色。从园子整体格局来看，南部中国园林特点和北部喷水池为中心的西式园林相呼应而并不显突兀，恰到好处地形成了中西合璧的园林。

3.3.2 租界园林风格特点

近代天津租界的历史长达80余年，花园建造从最初1880年海大道花园的建造到1937年皇后公园的动工，经历了很长的历史，跨越了半个多世纪的时间。天津近代租界园林集中了各租界国家多种形式的园林风格，由于租界之间的相互联系和影响，园林呈现多元共存、中西杂糅的特点。

1. 园林建造布局

（1）主要风格为规则式园林

天津租界园林从总体上来讲，平面布局上还是采用了以建造者所属国园林为主的风格，即规则式。租界里的各国园林，基本上是租界当局根据租界内外侨需要而建，大致照搬所属国园林。其目的也是为外侨兴建一处有限的社会公共开放空间。总体而言，其园林布局特点还是体现所属国园林风格的。维多利亚花园布局为规则式，呈方形，中心亭由同心圆花池环绕，中心亭外有四条辐射道路通向四个角门，中心亭是全园中心，园内种植大片的草地，是英国浪漫主义园林特色；皇后花园总体布局也为规则式，中轴线不甚明显，显得含蓄隐晦，但却能统领全局，以圆形花坛为中心种植一棵雪松，有一条放射形路线相向交于花坛。法国公园也是典型的法国规则式园林，西式八角石亭位于园中心，亭后建有对称状的假山和喷泉，形成以石亭为中心的中心对称形式，四条辐射状道路分割了以石亭为中心的同心圆，并用小鹅卵石铺路，有东西南北四座园门，正门设喷水池，各角用双圆柱支撑，四周设有座位。

（2）糅合了中国园林和租界各国园林的特点

各国租界在后期建园的过程中，不同程度地受到了部分华人兴趣的影响，中国元素在租界园林建造过程中得以体现。例如中国传统园林中经典的"曲径通幽"的造园特点就被使用。租界园林还受到当时建筑材料等的限制，以及在建园过程中不可避免地会受到建设从业人员对于园林理解的限制，也会受中国以外第三国园林风格的影响，平面部局上体现出多种园林风格融合的特点，比如法租界的法国花园就兼容了英国园林的特点，园中心的石亭、假山四周由绿草如茵的草坪环抱，属于典型的英国浪漫主义园林风格。

（3）造园特色

同租界建筑的建筑风格一样，租界园林的风格也体现了租界国园林特色。而租界园林建筑和建筑小品形式多样，纪念性建筑小品在新式建筑材料、钢筋混凝土结构及铁艺（护栏、围挡）、水磨石、玻璃、马赛克、花钵等材料的应用上，呈现出形式多样的特点，结构简洁，注意小品的纪念性和功能性上。这些小品对于中国近代园林的影响很大，特别体现在园林要素的种类、建造技术的进步和建造材料上的创新。

（4）纪念性建筑小品较多，结构设计简单，殖民色彩浓厚

受古希腊、罗马柱式建筑的影响，西方园林中多数建筑小品尤其是纪念性建筑小品形体简洁而柱式粗壮。

租界园林中，英租界的维多利亚花园、法租界的法国花园、日租界的大和公园、德租界的德国花园、俄租界的俄国花园、意租界的意国花园均设有各种纪念性的建筑小品。如1919年英租界维多利亚公园修建的纪念碑，就是为纪念第一次世界大战中阵亡的英军士兵而建，建造者将花园东南角的消防警钟拆除后，修建了一座5m多高的欧战纪念碑。科林斯石柱在意租界马可波罗广场中心，高约10m，和平女神像在柱顶上，周围有石像雕刻，圆形喷水莲池在石像下面。俄国公园中的纪念塔，是为其侵略行径歌功颂德、彰显武力或为战争阵亡将士招魂，甚至摆放了在侵华战争中缴获的中方军队大炮等战争物

品，侵略色彩非常浓厚。日租界的大和公园则体现东方园林特色，与中国园林一脉相承，大和公园有为纪念八国联军侵华战争中战死的日本人而建的"北清事变纪念碑"，与其他西方国家租界园林纪念碑风格不同，1910 年 4 月，日租界当局在纪念碑前面的左右两侧配备了日本总领事小幡酉吉捐赠的两门大炮，有鲜明的殖民色彩。

纪念性雕塑的出现，是中国公园开始建造纪念性园林建筑的开始。从此，各种类型、材质的雕塑作为公园的主景或者配景，成为近代园林景观重要的组成部分。

2. 园林材料和表现素材

（1）新建造材料应用

租界园林中所有的纪念性雕塑，采用了多种新的建造材料，而不再是单纯的石头。比如有的采用金属铸造，有的是由钢筋混凝土塑造，当然，这也是科技发展的结果。有些园林小品，如维多利亚花园中的花钵，就是由水泥塑就。新建造材料的出现和应用，节约了建造成本，节省了建造时间，新建造材料可塑性强，对建造师的要求相对低一些，为以后园林建筑、小品的发展、应用和普及提供了一个新的素材。

（2）园林绿植使用

现代园林种植开阔型草坪，和传统园林的曲折幽闭形成了鲜明对比，草坪绿地的大量种植是真正意义上现代公园的标志性要素。因此，大片种植绿地成为现代公园的重要造景手法。而中西园林最大的不同点在于西方园林偏重视野开阔，一般采用草坪铺地，以灌木和乔木辅之，以到达视野辽阔、层次分明的审美效果。租界园林大面积草坪的种植，使近代天津租界园林具有了真正意义上的现代园林特征。

（3）植物本土化且多样化，以园林小品点缀

在花园中种植多种植物的倾向强化了自然之美，同时也将各种植物的品性向公众宣传，兼具了教育功能；使用了本土化的各类植物，植物更容易存活，降低了建园成本也易于植物管理；在园中以各种园林小品加以点缀，提高了园林景观整体的装饰性。在园林的营造和管

049

理中，对植物的种植种类非常重视，一是通过种植各种植物营造亲近大自然的乡村风格；二是通过对各种植物品种的搜集和种植，尽可能地成为植物的范本，从而起到研究和教育的作用；三是通过植物的造型和园林小品点缀、装饰园景。

维多利亚花园在营造之初就开始广泛搜集和种植各种植物，以中国的各种花木为主，同时也引进了国外的各种花木品种。将中国南方的杜鹃花、铁线莲、兰花等种植在花园的温室里供人们参观，还种植了挪威云杉、法桐、银杏、刺柏、金钟柏、柳树、白杨、国槐、丁香、桃树、樱桃、玫瑰、紫藤、柴藤、美国蔓藤、紫葳藤等各种他国和中国本土的乔灌木，不仅使花园一年四季都有不同的景致，也为游客提供了了解植物知识的条件。

（4）水体和山石运用较少

租界园林的建造基础，大多是在吹泥垫地和建筑建成之后，改变原有水平面低的地基特点形成的，所以在园林建造中水体和山石应用较少。也较少运用中国传统园林以山石为元素造景的手法。租界里的庆王府花园，虽然一半园子以西式喷泉为造景元素，但另一半却依旧沿袭了中国园林中以山石作为主要元素的特点。日租界的大和公园也开辟了两个水塘，用于养鱼、设置喷泉和种植荷花。有资料显示，英租界的维多利亚花园西部和北部曾经有一条水渠，渠上有西洋廊式拱桥，渠内有游船，船的造型与意大利威尼斯的"贡朵拉"一模一样，但现已无迹可寻。

（5）租界园林的现代性

租界园林中大面积种植草坪、使用雕塑等造林元素是其现代性的体现。除了表现出西方园林造园的风格特征外，还体现了其园林中草坪铺就、雕塑展览、动物展览等特色，这些都是其现代性的一面，也是传统中国园林所不具备的。中国传统园林中豢养动物，一般多是为狩猎而为，而租界里公园的动物饲养、展览，则是用于教育、了解动物的习性，表示人类和大自然物种的亲密。维多利亚花园就曾展览过凶猛动物，如狮虎等，是为教育之用；日租界的大和公园也饲养猕猴等小动物。

3.3.3　公共和开放的特点

作为城市公共空间之一的公园，其本质是城市的公共空间，其功用也是供群众游乐、休息及进行文娱体育活动，具有公用性和平民性。近代以来，天津租界内的各种新兴市政公共设施的出现，为旧中国城市建设提供了一个现实可观的、直接的参考。近代天津在以后的城市规划和建设上均借鉴了租界的模式，例如建设规划时预留城市、社区的公共空间成为建设标准。清末新政后的 1905 年，在天津新区规划时，就考虑在新区规划建造一座公共园林，因此便将盐商张映臣修建的私家园林"思源庄"征用，在原基础上建成"劝业会场"，用以陈列工业工艺产品，自此建成了天津租界以外最早的对公众开放的公共园林"劝业会场"，即现在的"中山公园"。

租界花园既是园林景观同时也是供公众活动、消闲、娱乐、社交的公共场所。英租界的维多利亚花园主要就是租界当局为庆祝英国维多利亚女王即位 50 周年而修建，在此后花园的公共性得以体现，在花园里举办露天音乐会、进行阅兵式表演等。1900 年建造的俄国花园还专门设有网球场和运动场各一处。

租界园林中除海大道花园消失较早，无资料可考外，其他九处园林均开辟儿童游乐场地，并建有儿童游戏的设施，比如秋千、滑梯等。在花园的设计建造中非常注意儿童天性的释放，对儿童身体健康，特别是对培养独立的性格以及学习能力、认知能力、身体协调能力等具有非常重要的作用。意国花园为了让中国居民和外国侨民的儿童都可以到花园游玩，在花园里专辟了中国儿童和外国儿童游戏区。

3.3.4　租界公园的管理

1. 带有帝国主义殖民侵略的因素和强烈的本国色彩

从租界公园的修建目的来看，其主要是为租界内的外侨服务，故租界的公园可以被称为"有限度"的社会公共空间。从近代天津租界的园林管理上来看，租界的园林大都由租界的管理者——工部局来负责，在管理上普遍带有鲜明的殖民侵略特征，最大的特点是表现出其

051

对华人的歧视态度。"英租界的维多利亚花园内筑有'欧战胜利纪念碑'、法租界的法国花园内立有'和平女神像'、日租界的大和公园里筑有'纪念'因义和团而死的'北清事变忠魂碑'、俄租界的俄国花园内同样有'纪念'为镇压义和团而战死的俄国侵略者的纪念碑。在维多利亚花园、大和公园及俄国花园中,均陈列着八国联军侵华战争、庚子之役中缴获的中国大炮。"维多利亚花园、法国花园在建成初期,花园门口的游园说明牌上写着"惟华人非与洋人相识者或无入场券者不得入内""狗不得入内"的字样。"日租界大和公园在福岛街与公园街之间。中有神社、凉亭、土山、竹门、喷水池、射圃、儿童运动场、纪念碑等。花木之繁盛,为津埠之冠。儿童运动场,只许日本儿童入内。"意国花园为了笼络中国人在意租界买地建房,在花园里辟有中国儿童游戏区,为外国儿童却专门开设游戏场地,将中外侨民区分开来。租界公园大都包含有政治及帝国主义殖民侵略的因素及强烈的异国色彩。

2. 建立制度体系管理花园

在中国传统社会中,社会公共管理主要由官方及社会负责,明清以来,士绅和商人社会地位上升,在市政管理中的地位逐渐凸显。传统社会公共秩序的制定和维护主要依靠传统、惯例、礼教等,而租界在建立之初就通过制定规章、法规等法制化制度体系来维护侨民利益。对于租界公园的管理,各租界当局都制定了较为详尽的规则。出版于1926年的《天津租界及特区》一书记录了各租界当局制定的"公园章程"。英租界维多利亚花园章程共十条:"管理章程十条,多系关于入园之限制,如华人之未经董事会理事或巡捕长许可者,自行车军乐器及狗皆不可入园。摘花折树,草地上推行儿车,均所不许。夏日游园终止时间为中夜,冬日为九时……"法国花园制度有四条:"法租界花园四周皆以铁栏,呈圆形,前后左右各设一门,园中设备尚周,定有章程四条,兹节录于下。(一)本园经董事会决议,发给入园证,无证者不得入园。(二)衣服褴褛者、酗酒者以及一切可以搅乱公共游览者不准入园;小孩之用车及病车不在此内,但不得碍路。除经指定之地不得玩耍。浅草地上不准践踏;禽鸟不准猎取;花木不准

052

折损。（三）在指定游戏地界之内，不得阻挠儿童之游戏。（四）凡违犯以上各条者，科以五角至五元之罚金，凡有重大之违犯者，取消其入园权。"日本租界当局订有大和公园取缔规则，规定如下："每日午前六时开门，午后六时闭门。入园者不得损毁园中设备，不得携带犬及牲畜。不准着奇装异服。婴孩无人保护者不得入园。凡在园内公共集会者，须得租界局之允许。"意大利花园章程："凡携带有害卫生物品者，癫狂者，裸体者，有传染病者，及男子衣不过膝者，概禁止入园。"德租界园林"面积四十余亩，树木萧森，路上尽铺细沙。有亭有阁，极幽闭之至。并有儿童游戏场，男女厕所，野兽栏等。其入门规则八条，凡攀折花木，携带犬只，狂呼高歌，躺卧椅上，自设饮食，均在所不许，衣服不整者不得入内。每日自上午七时至夜十二时为游览时间"。俄国花园的管理章程为"车马犬只不得入园，游人不准在园中野餐及攀折花木"。通过以上各个花园的管理章程不难看到，各国制定的花园管理规定均对一些不符合现代文明的行为采取明令禁止的态度。

3.4　租界园林文化的影响

　　租界花园出现，以其开放、共享成为城市公共空间的一个重要部分，兼具了公众活动、消闲、娱乐、社交功能，成为城市近代化的重要标志之一。

　　租界的园林向近代国人展示了一种与中国传统园林文化完全不同的观念。尽管租界的出现是列强入侵的结果，但却使两种不同种文化之间发生碰撞。中国传统园林，除宗教园林对公众开放之外，没有公共园林供普通民众游玩赏析，私家花园和皇家园林普通大众更是根本无权、无法去游赏，租界花园的出现弥补了这种缺憾。

　　租界花园的园林形式与其造园要素，诸如缓坡草坪、修剪绿篱、规则式花坛、花境、人物雕塑等，对当时中国园林而言是焕然一新的。这些要素丰富了中国传统园林的表现形式，为近代中国在造园形式和造园要素上带来了一股清风。

053

　　尽管租界花园在建造之初的服务对象是在中国的"外侨"，但从中可以看到公园是资本主义时期的人本思想、民主主义思想在中国的殖民产物。租界花园的出现为以后中国人自己建造和管理花园做出了示范，同时也成为近现代中国诸多公园的前身，成为面向大众的兼具社会功能和审美功能的公共空间。

参考文献

[1]（英）雷穆森. 天津租界史（插图本）[M]. 许逸凡，赵地，译. 天津：天津人民出版社，2009.

[2] 宋蕴璞. 天津志略（全）[M]. 台北：成文出版社有限公司，1969.

[3] 郭喜东，张彤，张岩. 天津历史名园 [M]. 天津：天津古籍出版社，2008.

[4] 南开大学政治学会. 天津租界及特区 [M]. 北京：商务印书馆. 1926.

[5] 崔世昌. 租界里的公园 [A] // 中国人民政治协商会议天津市委员会文史资料委员会. 天津文史资料选辑总第七十五辑：天津租界谈往. 天津：天津人民出版社. 1997.

[6] 杨乐，朱建宁，熊融. 浅析中国近代租界花园——以津沪两地为例 [J]. 北京林业大学学报（社会科学版）. 2003，2（1）：17-21.

[7] 张亦弛. 天津首座英租界公园——维多利亚花园 [J]. 农业科技与信息（现代园林），2010（5）：44-47.

[8] 孙媛，青木信夫，张天洁. 天津维多利亚公园历史进程与造园风格探析 [J]. 建筑学报. 2012（7）：35-39.

[9] 孙媛. 从城市公园看中国现代景观的产生与发展 [D]. 天津：天津大学，2009.

第四章　新闻报刊

近代天津各租界当局重视政治权力的控制和经济利益的攫取，在文化和舆论的管控方面则显得自由和宽松一些，因而在客观上促进了近代天津新闻文化事业的发展。从租界当局对于新闻媒介的态度来看，只要对其殖民统治不构成威胁，新闻活动便可各行其道。因而，九国租界的存在，为近代天津新闻事业提供了相对有利的客观环境和发展契机。这一点上从近代天津知名度较高、影响较大的中文报刊的办报地址来看即可略见一斑。这些报刊大多托庇于租界，如近代启蒙思想家严复创办的《国闻报》，报馆的地址就在天津日租界，而且还曾借助日商的招牌与清政府进行对抗。20 世纪初期近代天津的三大著名报纸《大公报》《益世报》和《庸报》的社址最终都选择了租界：《大公报》创刊于天津法租界总领事馆，后又迁入日租界；与《大公报》齐名的《益世报》创刊初期社址虽设在租界以外的南市荣业大街，但几经周转之后，于1925 年迁至意租界的大马路；《庸报》创刊伊始，社址就选在了在法租界 32 号路。

近代天津租界新闻报刊事业的发展大致经历了三个阶段：第一个阶段为自1860 年开埠到 19 世纪末，是近代天津新闻文化的发展期；第二个阶段为 20 世纪初到 1937 年天津沦陷，是近代天津新闻文化发展的繁荣期；第三个阶段为自 1937 年到 1945 年第二次世界大战结束后租界收回。近代天津新闻传媒特别是报纸类的发展，同样也是到了20 世纪才进入了大众化的阶段，形成了近代报刊业的繁荣期。租界报刊也进入了以盈利为办报目的的商业化办报运行阶段，办报者通过不断革新办报业务，调整栏目、增加板块，以迎合大众对报纸的需要的同时，也通过刊登西方的先进思想和文化，为西学东渐起了桥梁的作用。天津租界报业的繁荣，使近代西方传媒消费文化得以传播，并逐

055

渐由租界内向租界外扩展，开辟了近代文化的新境界和新视角。

4.1 各租界的报刊

4.1.1 英租界

英租界是开办报刊最早的租界，最先在租界办报的是外国人，以后逐渐才有中国人开始办报，具体办报情况见表4-1。

英租界报刊一览　　　　表4-1

刊名	创刊时间	停刊时间	刊期	负责人	刊址	备注
中国时报	1886年5月16日	1891年6月9日	日报	天津海关税务司德璀琳（德国人）与英商怡和洋行总理茄臣集股创办。李提摩太任主笔	时报馆	一般认为其创刊为1886年11月6日，实为其英文版创刊日。雷穆森《天津插图本史纲》一书载：1891年停刊，内容涉及洋务运动、西学教育、社会要闻等
Peking and Tientsin Times（京津泰晤士报英文版）	1894年3月	1941年太平洋战争爆发后被迫停刊	初为周报，1902年10月1日改为日报	英国建筑师裴令汉创办并为主笔		要栏目有"广告""最新电讯""诗歌""航运情报""商业信息"等1902年该报销量达1200份
汉文京津泰晤士报	1917年	1941年	日报	1918年英籍华人熊少豪接管	在英国领事馆注册，但社址迁移到法租界	
直报	1895年1月26日		日报	德国人汉纳根创办，主要编辑为杨荫庭	天津市紫竹大道老菜市灯房巷内天津直报馆；1904年6月迁至在法租界万国铁桥畔	后称老直报。严复于1895年2月至6月陆续发表大作，1904年2月因刊载袁世凯下属部队溃散的消息被袁世凯查禁，同年6月改为《商务日报》，不久停刊，后改名《中外时报》1915年，北洋军阀政府对德宣战，因该报是德国人创办的，于是被查封停刊

续表

刊名	创刊时间	停刊时间	刊期	负责人	刊址	备注
中外实报	1904年9月1日，一说8月31日	1915年因中国对轴心国宣战被封	日报	德国人创办	英租界海大道广东道，天津中外实报馆	言论代表德国政府
海事	1927年7月	1937年7月	月刊	海事编译局，负责人：刘华式	英租界三多里2号	原名《海事杂志》，在武昌创刊，后迁至辽宁、青岛、天津等地出版
天津华北画报	1928年	1937年7月	周刊	罗明佑	英租界华北电影公司（平安电影院内）	
北辰月刊	1929年2月10日	1948年4月	月刊	工商学院北辰社，负责人：蒙福	马场道崇德堂	1933年至1934年第5至6卷更名《北辰杂志》改为半月刊，从1935年7卷改为《工商学志》为半年刊
大道半月刊	1933年12年	1934年12月	半月刊	新民编辑社	英租界广东道	
中央公论	1934年2月		半月刊		英租界义庆里	
方舟月刊	1934年6月	1937年7月		东亚毛纺厂创办，编辑：刘蕙斋、储揖唐等	英租界2号路	
健康生活	1934年8月	1941年7日	原半月刊，后改月刊	中国健康学会主编	伦敦路世界里42号	1937年后迁汉口、上海等地出版
医学知识	1934年		半月刊	内科小儿科沈奇震诊疗所	英租界17号路球场东门对面	
齿科月刊	1935年7月		月刊	齿科月刊社	英租界中街139号	

1.《中国时报》

1886年，近代天津的第一家正式报纸——中文版和英文版《时报》在英租界正式发行。《中国时报》的创办者是天津海关税务司德璀琳和英商怡和洋行经理茄臣，当时也得到了时任直隶总督、北洋大臣李鸿章的支持。英文版《中国时报》面对的读者大都是外侨，而中文版的《时报》读者为华人，主笔为英国传教士李提摩太。中外版

《中国时报》主要登载洋务运动、西学教育、社会要闻，并以刊登京津地区的新闻为主，地方特色鲜明。《中国时报》封面在发行之初，印了"在明明德"四个篆字，"在明明德"源自《大学》，其意为大学的宗旨在于弘扬光明正大的品德，以此隐喻"时"字之意。《中国时报》虽然由外国人创办，但作为近代天津出现的第一种中文报纸，其所产生的社会影响和历史意义是巨大的。《中国时报》的创刊，影响很广，"不特北五省的洋人先睹为快，很多上海和华中的中外人等也争先订阅，俾获京津的政治报道"。不仅在近代天津及华北地区影响很大，并且在中国南方也产生了很大的影响，《中国时报》的创办拉开了近代天津新闻传播业的序幕。

2.《京津泰晤士报》

1894 年 3 月英国建筑师裴令汉（William Bellingham）创办英文报纸《京津泰晤士报》并任主笔（图 4-1）。

1917 年该报增加了中文版，1918 年中文版报纸由英籍华人熊少豪接管，更名为《汉文京津泰晤士报》。《京津泰晤士报》涉及政治、经济、文学、科技和社会新闻等内容，报纸栏目有"广告""最新电讯""诗歌""航运情报""商业信息"等，日出 20 版，每周六发行 1 期，每期 4 张。该报侧重中国北方的新闻报道，主要在京津两地发行，发行量达到 1200 份。创刊时，该报将广告栏目放在第一版，突显其商业报纸的性质。在政治观点上保持中立为其办报特点，1927 年 11 月 17 日，该报编辑部发表了《本报之主张》一文："本报向来主张，不偏不党，无阿无好，惟事实之真相，作消息之传邮……此其一也；至于电影戏剧之类，方今艺术昌明，理当提倡，若夫粉黛胭脂，则乡党自好者之所不道，而谓舆论界鼓吹之可乎，此其二也。"1941 年太平洋战争爆发后该报停刊。

《京津泰晤士报》的新闻报道非常关注社会新闻，成为中外读者了解中西文

图 4-1 京津泰晤士报馆外景

化的桥梁，近代中国许多知识分子通过该报纸了解西方社会的风土人情及先进的科学和文化，对促进近代天津社会的西学东渐起了非常重要的作用，同时为近代天津报刊创办和发展提供了范本。

具有得天独厚的地理优势使近代天津成为中国北方的重要商埠，英国人依托天津这个在中国北方辐射力较强的城市，一方面通过传教普及宗教教义，另一方面利用舆论来宣传侵华政策，或在此采集各类信息。在其阐发种种无视中国主权的政治主张、控制和垄断言路基础之上，同时也能关注中国社会的政治变革，在报纸上时有发表一些较客观地分析中国社会现实以及启迪民智的文章，所以在一定程度上对近代中国的西学传播和社会的转型起到了潜移默化的推动作用。

《京津泰晤士报》在经常刊登一些时事评论，发表其对时政的见解的同时，还刊登了反映近代天津城市社会发展变化方面的文章，栏目除关注时事热点外，还有经济、文化娱乐和日常生活等社会各方面新闻的相关报道。《汉文京津泰晤士报》初创时，针对吗啡流毒之广且烈，曾竭力调查，特刊"黑籍表"，可谓振聋发聩，为中外人士所称道；五四运动爆发后，该报非常同情青年学生，曾极力宣传言论自由；在军阀的黑暗统治下，该报的评论因切中时弊而受到欢迎。该报通过对社会的报道，真实地记录了近代天津城市的发展状况以及近代中西关系变化的历史侧面，是近代天津设立租界后城市社会形态发展和变化的缩影，为后人研究这段历史提供了可参考的依据。

3.《直报》

由德国人汉纳根创办，1895年1月26创刊发行。是继中文版《时报》之后由外国人创办的第二份中文报纸，同时也是近代天津出现的第二份中文报纸，而且还是近代天津报纸中最早刊登副刊性文字的中文报纸。

汉纳根是德国贵族，于19世纪70年代来华，来华不久就与《时报》的创办者德璀琳的女儿结婚。之后，汉纳根在天津投资了很多工矿企业和商业。《直报》起名为"直"一是因为社址设在天津，隶属直隶省；二是要"直"言，即新闻要"直"书的意思。《直报》的栏目有"上谕恭录""评论""新闻"等。报纸虽为外国人所办，但是用中文撰写的文章在文字上却很是考究，比如新闻均采用四字标题。因汉纳根是德璀林的女婿,《直报》的某些办报栏目上与《时报》类似,包括印刷与纸张也十分相似。《直报》每天出 4 个版面,一度星期日不发刊。

《直报》在关注社会新闻和对新闻的报道方面比《时报》更加及时和准确,1895 年 4 月间,《直报》曾发表文章:"原拟于三月间加足八幅……讵昨沪上寄来铅字,生僻字数交到不少,合用者仍属寥寥,碍难骤增八幅之数……腾了地步,一概排印新闻。"第 1 版的前半版一般是银行等行业的大幅广告,后半版为"西报摘抄"(主要是欧美等国的报刊摘要)和"宫门邸抄"(大臣呈送给皇上奏折的内容节选);第 2~5 版,内容为新闻;第 6 版为从外地来天津的轮渡情况表;第 7~8 版为广告,内容涉及工业、农业、商业、医药、娱乐等各个方面。其中还有气象记载,有些内容成为非常有价值的气象历史资料。《直报》比较重视新闻报道和社会新闻方面比《时报》要多,且在报道文章的末尾常常带有表达撰写者观点的评论。

《时报》和《直报》在内容上以宣传兴办洋务和传播科学知识为主,在办报形式上包括栏目设置、版面编辑形式、新闻报道选材、印刷技术等方面,以及在报业经营管理等方面均采用国外办报的理念和经验,为之后中国人自行创办报刊所效仿。这两份报纸的发行范围主要是在租界内,为少数较早受过西方文明教育的中国知识分子所重视,成为当时天津最具代表性的报纸,全面反映了晚清时期中国的政治格局、经济动态、文化走向、社会走向,以及观念演变和风俗变革,记录了那个时期社会面貌。

这里值得一提的是,《直报》在创刊之初,就连续发表严复的五篇文章——《论世变之亟》(1895 年 2 月 4 日~1895 年 2 月 5 日)、《原强》(1895 年 3 月 4 日~1895 年 3 月 9 日)、《辟韩》(1895 年 3 月 13 日~1895 年 3 月 14 日)、《原强续篇》(1895 年 3 月 29 日)、《救亡决论》(1895 年 5 月 1 日~1895 年 6 月 16 日)。《论世变之亟》一文批评了顽固派的主张,指出那种"老死不与异族相往来,富者常享其富,贫者常安其贫"的状态只是妄想,中国只有像西方国家一样进行社会革新,才能救国强民。在《原强》一文中,严复全面阐述了自强救国的理论。严复根据英国学者斯宾塞的社会学说,表达了他的启蒙主义思

想：一个国家的国民的"聪明智虑"和"德行仁义"之强是决定那个
国家的生死存亡的关键。提出了"鼓民力、开民智、新民德"的救国
方案，形成了"三民"思想，提出国民的身体素质、科学文化水平对
兴国、强国是至关重要的观点，同时批判了中国封建的纲常伦理和宗
法观念，以增强中国人的国家民族观念，从而达到"德行仁义之强"，
进而达到"合力同心，联一气而御外仇"的目的。表达了严复力主变
法图强，提倡新学及废除封建专制统治的思想。

4.1.2 法租界

法租界是近代天津新闻报刊兴办数量最多的一个租界，国人自办
刊物也是从法租界开始，办报情况见表 4-2。

法租界报刊一览表　　　　　　　表 4-2

刊名	创刊时间	停刊时间	刊期	负责人	刊址	备注
国闻报	1897 年 10 月 26 日	1898 年 12 月	日报	严复、王修植、夏曾佑等	紫竹林海大道国闻报馆	为天津国人自办的第一种刊物，"维新派报纸，共发表 24 篇社论，大多出于严复之手，为变法维新进行宣传，此报设有论说栏，国内外新闻及本地新闻，侧重北方各省。该报后期转售给日本人经营，与上海的《时务报》同属维新喉咙"
国闻汇编	1897 年 12 月	1898 年 2 月	旬刊	主编为严复、夏曾佑等	紫竹林	中国人集资创办的最早期刊，以刊登外国新闻翻译文章为主，仅出 6 期
大公报	1902 年 6 月 17 日	至今	日报	由英敛之创办。1916 年由王郅隆接办。1925 年 11 月 27 日停刊。1926 年 9 月由新记公司盘收。经理：胡政之，总编：张季鸾	三易社址：创刊之初报馆设在狄总领事路，1906 年迁至日租界旭街 27 号，1931 年迁至狄总领事路	创刊时日印 3800 份，3 个月后，增至 5000 份；1937～1945 年抗战期间迁往内地，胜利后复刊。发行 30000～50000 份。栏目有：社评、国内外要闻、各地新闻、本市新闻、专载、论坛、周刊、文艺、经济、小说、体育等

续表

刊名	创刊时间	停刊时间	刊期	负责人	刊址	备注
北洋商报	1904年6月14日，一说1905年		日报	德国人汉纳根创办，刘孟杨主编，资金由总督所商务局支出	万国桥西，北洋商报社	登载普通新闻
民意报	1911年		日报	李石曾、赵铁桥、张煊、罗世勋任编务	民意报社	京津同盟会的机关报，为革命党人的秘密联络机关，后为袁世凯封禁，并定以言论"激烈四字"罪名
天津益世主日报	1911年3月（一说1912年9月或者1925年12月）		周刊	编辑主任：雷鸣远	天津西开老教堂，后迁于益世报馆	名为日报，实为周刊。1946年27卷起改名《益世周刊》
新学镜	1915年		半月刊	新学书院	新学书院	
新学书院季报	1916年12月	1919年3月	季刊	新学书院	新学书院	
斯卡依纳突马斯周刊（英文）	1919年11月		周刊	美国人创办	法租界	
来报	1921年1月4日	20天左右被停刊	日报	天津社会主义青年团主办，谌小岑、胡维宪任编辑	法租界	被法租界工部局查封后，迁出租界，改名《津报》继续出版，不久停刊
华北新闻	1921年8月1日	1933年10月	日报	创办人：钱芥尘。社长：周拂尘	4号路	主要栏目：要闻、新闻、文艺、小说，1923年因揭露鲁嗣香的卖国渔利行为，惹出一场所谓"公然侮辱罪"的诉案，日出3400份，一说日售7000份
国闻周报	1924年		周刊	胡政之创办	30号路161号	在沪创刊，1927年迁津，1936年回沪
服务半月刊	1924年9月		半月刊	天津社会服务团发行，高剑北任主任	法租界西开	1925年改为月刊，更名为《服务》
庸报	1926年5月26日，一说6.26	1949年	日报	创办人：王镂冰与童显光，社长：蒋光堂	26号路27号	主要栏目：国内外要闻、社论、小说、体育、经济、天津及地方新闻、游艺等。日出16000份

续表

刊名	创刊时间	停刊时间	刊期	负责人	刊址	备注
北洋画报	1926年7月7日	1937年7月	初为周刊，后改为三日刊、隔日刊	创办、主编：吴秋尘	27号路华卫里6号	
华北晚报	1927年6月1日		日报	创办人兼社长：周拂尘	4号路，一说河北公园内	主要栏目：要闻、新闻、游艺、小朋友、小说。日出7200份
津津报	1928年1月10日		三日刊	闵镇华等集资数千元所办，聘朱晓英为总编辑	紫阳里8号	
天津商报	1928年5月10日		日报	创办人兼总经理：王镂冰，主笔唐定尧	24号路，一说特二区二经路3号	
新天津晚报	1928年6月1日		日报	创办人兼社长：刘髯公	24号路	主要栏目：国内新闻、本市新闻、小说、游艺等
天津秦镜	1928年8月5日	1937年3月	三日刊		35号路老华利里文香书局	
North China Star 华北明星报	1918年8月12日	1941年	日报	美国人福克斯等人创办，华人亦有一部分股份	6号路	大型综合类英文日报，为华北地区发行量最大的英文报纸
新游园	1928年11月16日		周刊		新天津报馆内	
天津青年	1929年3月		月刊	主编：王士钧天津学生联会编印	法租界29号路	仅出两期
风月画报	1933年1月1日，一说1934年	1937年7月	每周两期	叶庸芳创办，魏病侠主持，	兆丰路兴义里3号	1935年11月因改良印刷暂停刊月余，12月复刊
观察日报	1933年5月1日		日报	负责人：公学行	26号路208号	
大众日报	1933年7月5日		日报	负责人：刘梧农	法租界西开教堂后老三槐	
天津大报	1933年10月14日		日报	刘云若创办	法租界兆丰路义兴里3号（一说兴义里）	

刊名	创刊时间	停刊时间	刊期	负责人	刊址	备注
玫瑰画报	1933 年		日报	负责人：包注第	法租界 26 号	
民族战旗	1934 年 5 月			吉鸿昌、南汉宸等在津组织的"中国人民反法西斯大同盟"出版	花园路 5 号	宣传抗日民族统一战线
天津漫画	1934 年 5 月		月刊	主编：周维善，编辑：高龙生	24 号路	
正风	1935 年 1 月	1936 年 1 月	半月刊	主编：吴隅隅、郑大洲、孙东荪、王新吾等	13 号路	文艺刊物
维纳斯	1935 年 8 月	1936 年	半月刊，后改月刊	该社编发	法租界 31 号路，一说庆丰里 8 号	出版 2 期后改为月刊
今日新闻	1936 年		日报	社长：赵子情，主笔：董馥棠	法 14 号路	
大方报	1936 年		日报	社长：陈达公	32 号路	
天津纪事报	1937 年底，一说 10 月				中街百福大楼	未得出版

1.《国闻报》和《国闻汇编》

《国闻报》和《国闻汇编》是中国人在津创办最早的中文报刊，也是中国人自己创办的中文报纸伊始，它开启了近代天津国人自主办报的历史。该报是 19 世纪末维新派在华北地区出版的唯一报纸，也是维新派创办的第一家日报，该报成为维新派宣传、推动维新变法的舆论喉舌。

《国闻报》（图 4-2）创刊于 1897 年 10 月 26 日，是在近代天津由中国人独立创办的一份报纸，与梁启超在上海主编的《时务报》南北呼应，宣传维新思想，影响遍及全国。《国闻报》每日出版一大张，版面为八开，共八版，四号字排印，用毛边纸单面印刷。初期前四个版面是新闻与评论，后四个版面是广告，与上海《申报》相类似。此外，每日以附张的形式赠送《京报》。《国闻报》设有"电传""上谕恭录""制台辕门钞""路透电讯""论说""国闻录要""本埠新闻""国内新闻""国外新闻""广告"等专栏。《国闻报》的突出特点是新

图 4-2 《国闻报》

闻多、消息快。其办报宗旨是"通上下之情""通中外之故",目的就是为了学西学、开民智,推行维新变法。维新运动期间,《国闻报》"一举成为当时北方地区办得最好的一家日报",《国闻报》在重重威压下,以富有特色的报道成为维新派的重要舆论阵地,起到了其他维新派报刊所无法替代的重要作用。

《国闻汇编》,是严复(图4-3)等人在《国闻报》创刊一个月后在天津出版的一份旬刊,与《国闻报》情同手足,关系十分密切。《国闻汇编》的办刊宗旨即是严复所强调的"强国要政有三:鼓民力、开民智、新民德",《国闻汇编》从光绪二十三年十一月十五(1897年12月8日)开始发行,到光绪二十三年正月二十五(1898年2月15日)共出版六期,每十日一刊,主要翻译英、美、法、德、日等国家的报刊新闻,还有"名论"。而影响最为深远的是严复翻译的赫胥黎的论文集 *Evolution and Ethics*,中文名《天演论》,在《国闻汇编》第二期开始连载刊发。《天演论》向处于封建社会的中国人首次介绍了进化论思想和资产阶级社会学的理论,提出"优胜劣败,适者生存",为随后生物进化论在中国暴发式传播起到了重要的催化作用。严复将达尔文的生物进化论与中国晚清社会形态相结合,并演化为社会进化论,成为"进化论"在晚清思想知识界造成空前影响最主要的原因。《国闻汇编》引进了西方的进化论学说,为维新变法运动提供了理论根据。故一经刊发便在当时中国思想文化界引起强烈了震撼,《国闻汇编》发刊虽仅两月有余,出刊也总共只有六期,但其在中国近代思想文化史乃至科学技术史上具有重要的、划时代的意义。

2.《大公报》

《大公报》,如图4-4所示。1902年6月17日正式发行,由英敛之创办。

创刊时报馆设在法租界狄总领事路,后迁至日租界旭街27号。《大公报》是"中国历史上除了古代的封建官报以外出版时间最长的报纸,也是中国新闻史和全球华文传媒史上唯一拥有百岁高龄的报纸"。

《大公报》取名"大公"表明创办者英敛之"忘己之为大,无私之为公"的"大公无私"和"开风气,牖民智"的办报宗旨,为促进近代天津社会的文化转型做出了卓越的贡献。

065

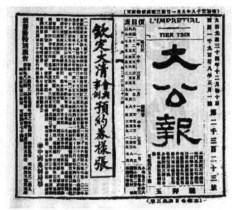

图 4-3 严复像　　　　　图 4-4 大公报

"岁辛丑，同人拟创《大公报》于津门，至壬寅夏五而经营始成，推都门英华氏董其事。报之宗旨，在开风气，牖民智，挹彼欧西学术，启我同胞聪明。顾维浅陋，既惧且惭。兹当出报首期，窃拟为之序。曰忘己之为大，无私之谓公，报之命名，固已善矣。夫徒有其名毫无其实，我中国事往往而然。今此报得毋亦妄为标榜，而夜郎自大、济私假公乎？抑果是是非非原原本本而一秉大公乎？要之自亦未敢定其如何也。凡事于初创之时，譬如人当幼稚，志趣虽佳，历练尚少，精神未旺，疏漏必多。迨久而久之，或能取长舍短，推陈出新，渐入自然，折衷一是。故本报断不敢存自是之心，刚愎自用，亦不敢取流俗之悦，颠倒是非，总期有益于国是民依，有裨于人心学术。其他乖谬偏激之言，非所取焉；猥邪琐屑之事，在所摒焉。尤望海内有道，时加训诲，匡其不逮，以光吾报章，以开我民智，以化我陋俗而入文明。凡我同人亦当猛自策励，坚善与人同之志，扩大公无我之怀，顾名思义，不负所学，但冀风移俗易，国富民强，物无灾苦，人有乐康，则于同人之志偿焉，郡人之心慰已。"

"大公无私"表达了报纸创办人的办报宗旨，《大公报》从创刊之初即倡导新闻自由，秉持敢言之风，抨击时政，担当舆论监督的职责。其政治立场是反对封建集权，支持改良，宣传君主立宪，为推动社会进步而呼之。秉持"大公之心"，通过大量的新闻报道来指陈时政，对清政府和一些高官大吏的行为进行舆论批评。《大公报》在办报实践中一直恪守对读者做出的"知我罪我，在所不计"之承诺。

《大公报》还肩负起了开启民智、改造国民、移风易俗的使命，倾向"西学"，反对保存"国粹"；宣传科学知识，反对封建迷信；提倡兴办新学堂，反对科举制度；主张多立报馆，反对思想专制。积极宣传资产阶级思想，对推动社会思想解放影响很大。

（1）开启近代中国刊登白话文的先河

《大公报》创办之初，就本着"为开民智起见，多半是对着平等人说法，但求浅、俗、清楚"的原则提倡白话文。在《大公报》上刊登的白话文曾被集结成书，取名为《敝帚千金》。全书的内容分"开智""避邪""合群""劝诫缠足""寓言"五类。"到了1908年，《敝帚千金》已汇集了30册，除附报赠送外，另行装订销售达数万册之多。"

（2）提出了妇女解放，推动兴办女学

英敛之认为"女学之兴，有协力合群之效，有强国强种之益，有助于国家"，表达了"女子强则国强"的观点。《大公报》创刊版就刊登关于女学的文章，"附件"栏目中就专题刊登了一篇名为《戒缠足说》的白话文章，作者提出了反对女子缠足的观点。在《大公报》之后的办报过程中，一直坚持倡导女子读书，提高女子的文化修养。《大公报》在新闻言论上倡导女学、提倡女子放足的同时，也很重视全国其他地区兴办女子学校情况的跟踪报道。在提倡废缠足的同时，该报还报道了各地举办戒缠足会的消息，以及女子放足的信息。同时，对西方文化女性独立的介绍也自然成为该报的一项经常内容，如关于美国女律师、女医生等的报道与赞扬等，从舆论导向上引导女子读书、自立、自强。这些信息在《大公报》上俯拾即是。

（3）启迪民智，传播科学知识

《大公报》一贯以启迪民智、传播现代科学知识为其办报宗旨。通过新闻舆论宣传进步的现代科学知识，对民间流传的各种迷信陋俗予以揭穿和反对，体现出了新闻人强烈的社会责任感。在1903年9月11日刊发的《雷震房屋》一文中，针对"雷震房屋"的现象写道："凡遇有急雷暴雨时，不可避于墙根及树下，皆易触电为害，俗谓有龙捉妖精，甚为无稽之谈。盖一遇有引电之物，电触其上，即能暴烈为患也。"拨正一些人的糊涂认识，传播科学知识，讲述封建迷信之害，向民众广泛传播科学知识。

（4）独立办报，恪守新闻职业道德

1926 年 9 月，吴鼎昌、胡政之、张季鸾三位留日归国的学生组成了新记公司，他们接办了《大公报》。从 1926 年 9 月 1 日到 1937 年 8 月 5 日《大公报》天津版停刊，进入新记时代。新记《大公报》在天津出版发行的十余年间，"发行量由创刊之初的 2000 份，到 1936 年 9 月已达 10 万多份"。从而创造了《大公报》办报史上又一个辉煌时期。新记《大公报》在继续发扬中国优秀文化传统"民本思想"，把报纸当作"社会公器"，关注社会底层，真实记录社会底层人民的生活的同时，也将西方启蒙思想体现在办报过程中。他们恪守新闻人的职业准则，坚持"四不"的原则并一以贯之。对发生的社会新闻进行客观、公正的报道。

《大公报》的"四不"原则是办报者爱国主义情怀的体现。"《大公报》敢于批评任何政党，其立论的根据是国家利益至上，凡是有利于国家的坚决拥护，而有害于国家的则反对"。九一八事变前后，《大公报》呼吁"救亡图存"，文章中对于抗战英雄和事迹大力赞扬，甚至专辟版面或者开设专辑宣传抗日主张。

（5）服务社会

通过报刊媒介服务于社会是《大公报》的又一个鲜明特色，它以真诚地为社会服务而赢得了社会各界的广泛赞誉和支持，从而也获得了飞速发展。《大公报》"一是公共言论机关，国人有所欲言者，可到该报言之；二是社会服务机关，国人有难、有求，该报有为之解难、服务之义务"。该报以报社的名义多次组织募捐活动、慈善演艺会等。

（6）大量的副刊版面，丰富了办报的内容

随着报业日益繁荣，《大公报》还创办了内容丰富的各类副刊，这些副刊，除了为报刊自身发展以外，还满足了各个阶层人士对报纸阅读的需要，在推动社会进步的同时也从新闻的角度记录了近代中国社会的变化和发展。新记《大公报》从 1926 年至 1937 年共创办各类副刊、专刊达 40 余个，内容涉及科学、教育、经济、文学艺术、军事、医学、社会等多个领域；这一时期可谓是中国近代历史上报纸副刊发展的巅峰期。同时，《大公报》还远销全国各地乃至欧美各大城市。

4.1.3　日租界

日租界的报刊开办始于 20 世纪初，相对于英、法租界时间较晚，具体所办报刊见表 4-3。

日租界报刊一览表　　　　　　　　　　　　表 4-3

刊名	创刊时间	停刊时间	刊期	负责人	刊址	备注
青龙报	1905 年前后		日报	日本人佐藤铁次郎同中国人合作创办	旭街青龙报馆	日本人办的中文报纸
北方日报	1906 年 2 月		日报	主编：李大钊	旭街	由《繁华报》和《白话报》合并而成
人镜画报	1907 年 6 月	1907 年 11 月	周刊	温世霖主办 主笔：陆莘农	天仙茶园北，时务印字馆内	
北洋浅说画报	1911 年 4 月			主笔"达菴""慎之"	常盘街	
庸言	1912 年 12 月 1 日	1914 年 6 月	两卷 30 期从创刊到 1913 年 11 月 16 日为半月刊，每月 1、16 日出刊；从第 2 卷开始改月刊，1914 年 1 月至 6 月每月 5 日发行	创办人：梁启超，1914 年 1 月以后由黄远生负责编辑事务	旭街 17 号	以政论为主的综合性刊物，共分"建言""译述""艺林""金载"四门，四门下分十八类
天民日报	1919 年 4 月至 5 月间		日报	负责人谢迈度	电灯房前	
天津经济新报（日文）	1920 年		周刊	创办人：小官山繁	明石街	
天津晚报	1925 年 10 月 30 日			日本人雇用中国人所办	伏见街求实路 2 号	
天津要闻	1926 年		日报		伏见街求实路 2 号	
絮语周刊	1927 年 6 月				厚西里 30 号	

续表

刊名	创刊时间	停刊时间	刊期	负责人	刊址	备注
渤海风	1927年8月	1927年9月	半月刊		须磨街新德里8号	
《天津日报》晚刊	1928年		日报		福岛街	
民报	1929年2月1日		日报	创办人兼社长：鲁嗣香，编辑主任：沈培民	须磨街	主要栏目：社评、要闻、本市新闻、各省新闻、小说、游艺、不久沦为换报头报纸
天风报	1930年2月20日		日报	创办人兼社长：沙大风，编辑：何维湘	福岛街	国内要闻、本市新闻、小说、杂记
东亚晚报	1936年		日报	负责人：郑知农，主笔：朱通儒	香取街	

《庸言》

1912年10月，梁启超结束了15年的流亡生活从日本回国后，在天津创办的一份杂志。梁启超回国后，曾向友人表示不想贸然出任政府官职，打算继续用言论与国人相见，遂萌生了办报或办杂志的想法。他曾向袁世凯表示此想法，"愿意主持舆论，袁氏欣然同意，拨款20万资助"，于是，《庸言》于1912年12月1日面世。图4-5为《庸言》第八号封面。

梁启超对《庸言》杂志的"庸"字取"常""恒""用"三义，以"无奇""不易"和"适应"的态度发言。其"庸"之三义在其创刊号上有这样的阐述："一训常，言无奇也；一训恒，言不易也；一训用，言其适应也。振奇之论，未尝不可以骤耸天下之观听，而为道每不可久，且按诸实而多阂焉。天下事物，皆有原理、原则。其原理之体常不易，其用之演为原则也，则常以适应于外界为职志。不入乎其轨者，或以为深赜隐曲，而实则布帛菽粟，夫妇之愚可与知能者也，言之庞杂，至今极矣！而其去治理若愈远，毋亦于兹三义者有所未惬焉，此庸言报之所为作也。"

图4-5 《庸言》第八号封面

《庸言》的执笔者除梁启超以外，还有"吴贯因、梁启勋、汤教、蓝公武、黄远庸、罗敦曧、张东荪、周宏业、严复、林志钧、熊垓"，他们也发表不少文章。其内容共分四门十八类。

四门为建言门、译述门、艺林门和金载门。建言门发表相关文章最多，每期至少会有三篇的有关文章。

四门之下具体分为十八类。建言门包括四类，一为通论，"以指导政府、忠告国民、彻革新政治、改良社会"；二为专论，"专就一问题或一事实"；三为杂论，"一问题或一事实，未及专论者，或专论之外有余义有疑问者，以简语评之"；四为演讲，即转载名人演讲。译述门包括三类，即翻译西方之名著或时论。艺林门包括五类，即选刊史料、随笔、谈艺、文录、说部。金载门包括六类，主要是登载国内外的新闻、名人日记、各种法令、摭言、附录等。

071

《庸言》杂志办刊时间仅为一年零七个月，共出刊两卷 30 期，从创刊到 1913 年 11 月 16 日为半月刊，每月 1、16 日出刊；从第 2 卷开始改月刊，1914 年 1 月至 6 月每月 5 日发行，而刊物也改为黄远生负责编辑事务。梁启超共在上面发表了 35 篇文章，主要表达其希望用文章"指导政府"之意图。他的愿望是想引导袁世凯从而为国家做建设工作，"在缓进的原则下求成效，不愿意说刺激的话，甚且不惜迁就袁世凯"。但最后的结果是与袁世凯不欢而散，《庸言》杂志也就无法办下去了。由于梁启超的声望，《庸言》成为当时报界最有影响的刊物之一。《庸言》"第 1 期就发行 1 万份，最多曾发行 1.5 万多份"。北京、天津、上海等地的商务印书馆和广智书局作为代售处。

4.1.4　意租界

意租界规划发展较晚，但是其完备的市政设施和良好的社区管理，吸引了很多报人来此办报，如近代天津著名的《益世报》。表 4-4 为意租界办报情况。

1.《益世报》

从 20 世纪 20 年代开始在意租界所办的报刊逐渐增多，有一个明显的现象是意租界的报刊很少在意租界创刊，大多是从其他租界或者是租界以外迁入，其中影响最大的报纸当属与《大公报》齐名的《益世报》（图4-6）。

意租界报刊一览表　　　　　　表4-4

刊名	创刊时间	停刊时间	刊期	负责人	刊址	备注
益世报	1915年10月1日	1949年1月14日	日刊	比利时传教士雷鸣远与刘守荣创办，刘任社长，刘豁轩任主编	社址在南市荣业大街，1915年后迁至小洋货街，1925年迁至意大利租界大马路	内容：社论、国内外要闻、本市新闻、各地要闻、经济、游艺、文艺、小说等，日出35000份
评报	1921年3月1日		日刊	刘霁岚创办并任社长，主笔为高辑五、王宝珍	地址四迁，先在荣业大街，后迁至大舞台东，又移至法租界24号，1930年移至意租界大马路98号	主要内容：要闻，评事、小说、琐闻。1934年该报曾发表"蒋中正中正不正，不能扶正"的评论，遭到国民党军警的抄砸与查封，停刊半个月，后经多方疏通，才得复刊，但不得使用"评"字，而改"平"字，之后转为以文艺评论为主，日出10000份
时报	1923年5月1日		日报	刘霁岚创办，并任社长	大马路40号，一说38号	主要栏目：国内要闻、本市新闻、琐闻、杂录等，日出2000份
新天津报	1924年9月10日	1944年4月30日	日报	创办人兼社长为刘髯公，总编为薛岳楼	大马路11号	主要栏目：国内要闻、都市新闻、小说、省区要闻、体育教育、经济、游艺、国际要闻等
大中时报	1928年11月16日	1948年8月	日报	创办人兼社长为徐余生，主编为王晴霓	出版时在南斜街，1929年11月被公安局查封。1930年4月移至广兴大街，1931年移至意租界大马路32号	主要栏目：社论、国内要闻、专载、教育、本市各地、新闻、文艺、小说、简报等
新天津画报	1930年3月8日		周刊	负责人刘髯公，主编一达	意租界大马路（新天津报社）	
东方日报	1930年5月1日		日报	社长刘不同、总编张越尘	东马路14号	主要栏目有国内要闻、本市新闻和文艺等

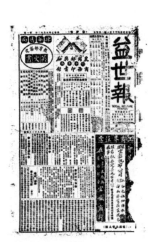

图4-6　益世报

续表

刊名	创刊时间	停刊时间	刊期	负责人	刊址	备注
东方画报	1930 年 5 月 1 日		半月刊	主编为高龙生，社长刘不同，经理程平	东马路 14 号	
天顺报	1931 年 6 月 20 日，一说 5 月		日报	创办兼社长周虎臣	大马路	主要栏目有国内要闻和异闻，本市新闻、文艺、小说等，问世不久即停刊
治新日报	1931 年 12 月 13 日		日报	社长田树雨、主笔马春田	小马路天柱里 14 号	销量 2000 份余，报社兼办印刷维持开支，未及抗战即停办
明星报	1931 年创	1934 年 1 月 21 日停刊	日刊	创办人李桐林、社长周芹如	意租界宏健里 6 号	主要栏目有国内要闻、社会新闻、戏剧、小说、垃圾新闻，后改为晚报
津沽民报	1932 年		日报	负责人孙福昌，一说翟纯	三义里 9 号（一说三益里）	
大北周刊	1932 年 5 月		周刊	负责人高石萍	河沿马路 2 号	
民风旬刊	1932 年 6 月 20 日		旬刊	刘耀庵负责	意租界交界 2 号	
天津导报	1932 年 9 月 10 日		日报	负责人陈一郎	大马路 28 号	
北风	1933 年 11 月	1934 年	旬刊，一说双周刊		三益里 9 号	
气象时报	1934 年创刊			华北水利委员会天津测候所	意租界五马路	
气象月报	1934 年			华北水利委员会天津测候所	意租界五马路	
新津报	1935 年创刊		日报	负责人为刘曜厅、张梦雄，主笔为张松年	复东印刷局	
银线画报	1935 年	1945 年	周报	张圭颖、刘一行	大马路菜市胡同	主要内容为影片介绍、影星生活、影坛轶事等，还刊登话剧、京剧、评剧等艺界演出消息、动态等，稿源主要由各大影院、剧团提供

073

《益世报》由比利时传教士雷鸣远与刘守荣创办，刘守荣任社长，刘豁轩任主编。雷鸣远虽然是外籍人士，但是对中国的感情深厚，并于1928年加入了中国国籍，之后他便以中国人自称。雷鸣远对中国的感情均表现在其办报的宗旨上和办报实践之中。

《益世报》自1915年创刊后三迁社址，创刊时社址选在南市荣业大街，1925年迁至意租界。在意租界办报的这段时间是《益世报》的鼎盛时期。

（1）积极主张抗日

由于日本一直觊觎中国的领土，为侵略中国做准备而不断挑起事端，国民党政府却持不抵抗的态度。此时，雷鸣远经营的《益世报》成为反日的舆论先锋，他不仅主张中国应积极抗战，而且还在《益世报》上发表许多主张武力抗日的社论和文章。《益世报》报道了中国人民普遍关注和渴望了解的有关抗日的消息，将其主张抗日、抨击国民党政府不抵抗政策的观点在文章中鲜明地体现出来，说出了别人不敢说的道理。《益世报》表现出了敢言、公正的立场，由此受到社会各界和广大民众的欢迎，成为当时中国很有名的一份报纸。九一八事变后，《益世报》除新闻报道和副刊外，还特辟专页，揭露日寇侵略罪行，如连续刊登《满蒙忧患史》《万鲜残案实录》《田中奏章》《满蒙权益拥护秘密会议记录》《盗治下的沈阳》《铁蹄下的长春》等文章，较系统地报道沦陷后的东北悲惨情景，还在报面上特别开辟了抗日舆论栏，逐日刊登读者言论。为向知识阶层打开销路，该报又增加了哲学、文学、经济、国际妇女等专刊，每日一版。

（2）关注社会现实

《益世报》的栏目主要有社论、国内外要闻、本市新闻、各地要闻、经济、游艺、文艺、小说等，日出35000份。创刊伊始就十分关注社会现实问题，注重报纸的社会价值，积极地服务社会。1934年《益世报》还创办了"农村问题专页"和"农村周刊"两个专题版面，专题发表针对华北农村现状的社会调查和农村社会问题的评论文章，批评落后的乡村文化，关注农村妇女的生活，为促进农村社会进步发表了许多有益的见解和主张。

（3）创办副刊，影响巨大

《益世报》的副刊《益智粽》，后改名为《语林》，在青年知识界很受欢迎。老舍、靳以、沈从文、张恨水、夏征农、俞平伯等文化名人为其写稿，1935年《益世报》副刊由吴云心主编。《语林》又开辟了"益世小品"和"生活文化"两个专栏，王统照专为其撰稿，洪琛、老舍、宋春舫、王亚平、孟超、吴伯箫等人也时常提供稿件。徐中玉、李同愈、陆新球、李西蒙等北平的进步青年和天津南开大学的学生都为《语林》投稿。

名为《别墅》的副刊是由马彦祥主编，这个栏目主要刊登有关电影、话剧、京剧、曲艺、音乐、舞蹈等文娱方面的文章，著名剧作家田汉、唐槐秋、叶浅予，电影界的蔡楚生、沈浮、洪琛、张石川、黎锦晖等都为《别墅》撰稿。此外，该版还报道剧人动态、剧场情况、艺人轶闻、戏剧掌故等读者喜闻乐见的资讯，使报纸大受欢迎，该版在当时各报副刊中拥有的读者群最大。

（4）服务社会

同《大公报》一样，《益世报》为了扩大报纸的影响，也创办了社会服务部，专辟一版"社会服务版"，由吴秋尘主办。"社会服务版"在中国报界是一个创举。该版做了一些增加民众知识、普及民众教育和社会救济的工作，"社会服务版"内容五花八门、包罗万象，涉及职业介绍，募集捐款，施放赈衣、赈物，医药顾问，法律顾问，生活知识等，还将该报原有的抗日捐款和读者言论栏也并入其中，内容相当丰富。

2.《评报》

1921年3月1日创刊于租界以外的南市荣业大街，1930年迁至意租界大马路98号，成为意租界影响很大的一份报纸。迁入意租界一年后的1931年，中国发生了九一八事变。《评报》登载了大量抨击蒋介石的"攘外必先安内"政策的文章。1934年因发表《蒋中正中而不正，不能扶正》一文而遭到国民党军警的砸抄与查封，被迫停刊半个月，后经多方疏通，才可复刊，日出10000份。但从此事件之后，不得使用"评"字，而改"平"字，转而以文艺评论为主，社长刘霁岚并没因此改变主张抗日的立场，继续以文艺评论的方式控诉日军的

075

罪行，表现出了民族气节。

4.2　近代天津租界新闻报刊业兴起、发展原因

无论是外文还是中文报刊，最早出现在近代天津的均是由外国人主办的。外国人在天津办报的目的，是出于其自身利益考虑，而不是为了发展中国的新闻事业，但却在客观上给天津带来了具有近代意义的新闻事业，从而促进了近代天津新闻事业、特别是报刊业的发展。

4.2.1　洋务运动为新闻报刊的发展奠定了客观基础

近代天津作为中国北方"洋务"运动的中心而开展的一系列洋务运动，诸如开通电信、邮政以及兴修铁路等，这些先进的科学技术为近代天津新闻事业的产生提供了良好的技术条件，从而奠定了较雄厚的物质基础。

洋务运动培养了大批精通中西文化的新式人才，为报刊的发展提供了前提条件。近代天津由外国人德璀琳和茄臣兴办的英文版报纸《中国时报》面对的读者基本上是外侨，中文版《时报》的读者则为华人，其产生的社会影响和历史意义非常大。

洋务运动兴办了一系列新式学堂，培养了一大批各类洋务事业的专业人员，他们成为掌握近代科学技术的第一批新式人才。到了19世纪80年代中期，近代天津的华人中已经出现了一批精通中西文化并掌握有一技之长的专门人才。1880年后清政府派遣的留学生大部分回国，其中有50人留在了天津的北洋水师、机器局、电报、医馆等处学习或当差。这些新式人才虽然数量不大，但他们的聚集无疑成为天津新闻事业产生的一个重要前提。严复就是其中的一员，1895年严复在《直报》发表了《论世变之亟》《原强》《辟韩》《救亡决论》等一系列文章，表达了变法维新、武装抗击外来侵略的主张，体现了进步的思想，对当时社会影响巨大；1897年严复则直接通过办报来表达其维新变法的主张，同王修植、夏曾佑等人在天津法租界创办了《国闻报》和《国闻汇编》，特别是《国闻汇编》作为宣传进步思想的刊物

在近代新闻传播史上留下了浓墨重彩的一笔。严复翻译的《天演论》将介绍达尔文生物进化论及西方哲学思想相结合，将"物竞天择，适者生存，世道必进，后胜于今"的进步思想公之于世人，使晚清处于"知识饥荒"的知识界如获至宝，在知识界产生了振聋发聩的影响，甚至影响了几代人，严复"为中国西学第一者也"。

洋务运动带动了天津社会风气的转变，为天津新闻报刊的发展打下了文化基础。能阅读报刊必须以识字为前提，资料显示"1880年清代识字率男人为30%～45%，女人为2%～10%，平均识字率在20%"。《万国公报》的一篇文章中写道："中国四万万人中，其能识字者，殆不满五千万人也，其能通文意、阅书读报者，殆不满二千万人也。此二千万人中，其能解文法、执笔成文者，殆不满五百万人也。此五百万人中，能读经史、略知中国古今之事故者，殆不满十万人也。此十万人中，略知外国语言文字，知有地球五大洲之事故者，殆不满五千人也。此五千人中，其能知政学之本源，考人情之条理，而求所以富强吾国、进化吾种之道者，殆不满百数十人也。""洋务运动"的发展带动了近代社会以学习西洋文化为时尚，不仅社会上层人士关注西学，连一般的平民百姓也开始关注识字的问题。19世纪80年代中期，"津人始以不识字为愧"，天津城厢内外有30多处义学，帮助普通百姓识字以提高其文化水平。尤其是随着近代教育事业的推广，国民接受新式教育的机会逐渐增多，报刊阅读人群也就随之增大，从而为天津新闻事业的发展起了推动的作用。

4.2.2　租界为近代天津新闻业提供了发展空间

租界是近代中国一个特殊的存在，租界当局的管理模式和价值观念是按其母国的方式来进行的，所以在新闻舆论方面，只要不危及其统治，一般是没有严格的审查和控制，在政治氛围上比租界外显得相对较为宽松。可以躲避清廷的审查，吸引中国人中的一些具有进步思想的有识之士来租界办报，因而大量报刊在租界里创刊发行。再者，由于租界治外法权的原因，从清末到民初这段时间内，清廷无法过多干预租界内的舆情，而租界当局对新闻报刊特别是中文报刊也没有过多审查和干涉，因而为中文报刊的发展提供了良好的社会氛围，客观上为新闻报刊提供了发展空间。

再加上具有一定知识、文化的大量新移民迁入租界居住，他们形成了报刊读者群，也促进了新闻报刊的诞生和发展；同时，租界内繁荣的商业和多样化的传播渠道，为报刊的发展提供了传播契机，并加快了新闻的传播速度。

4.3　近代天津租界新闻报刊的特点

4.3.1　报社云集、华人办报居多

租界作为近代中国社会一个的存在，具有其特殊的政治、经济、文化特点，在新闻报刊的发展过程中尤显突出。近代天津第一份报纸就是在租界产生的，此后更多的报纸也相继创刊。在九国租界中，英租界是创办报纸最早的租界，而法租界是办报最多的租界，意租界和日租界划定时间在英、法租界之后，但也是报社云集。在此基础上租界里华人创办的报刊也迅速成长起来，经历了一个初期由外国人办报到华人办报形成潮流的过程。

报刊作为一种文化形式无论从内容到形式都出现了明显的本土化趋向，尽管其作为舶来品吸取了西方文化大众性、公共性和商业性的特征，但在办报宗旨、形式、编辑力量以及所表达的思想内容等方面已具有明显的本土特征，成为中国人自己的传媒工具。不仅中国人办的报刊如此，一些外资报纸也渐渐转归华人。

4.3.2　开民智、娱民心

中国虽然早就有邸报，但那只是刊载皇帝诏书、官府文书，限于官僚系统传阅的一种官方文件，与近代商业性大众传播媒介相去甚远。"从新闻来说，它是最不中用的新闻纸，里头只是政府认为对自己有益，应发表给士绅和官僚阶级看的一些奏议和皇帝的杰作罢了"。

近代新闻报刊作为一种非官方的，以传播社会政治、经济、文化

信息为旨趣的商业性报纸出现在近代中国的通商口岸城市，其发展与中国近代社会发展关系十分密切。中国近代社会的进步催生了近代新闻报刊发展，而近代新闻报刊从其诞生之日起就无时无刻不影响着近代社会。在社会政治、经济、文化等诸多方面对推动中国社会的近代化转型起了非常重要的作用。尤其是维新派报刊对资产阶级民主思想的宣传，打破了封建思想一统天下的局面，他们倡导的天赋人权、自由平等思想逐渐成为近代中国思想文化的主流。宣传科学、民主、民族独立等对促进社会进步起到了巨大作用。"近代报纸不仅仅是近代历史进程的记录者，更是近代历史变革的实际参与者，已经与社会的方方面面深度融合，深刻地影响了近代中国的社会进程。"

4.3.3 副刊内容丰富、影响较大，社会参与度高

伴随着社会和城市现代化的发展，新闻报刊与日益繁荣的生活结合度也越来越高。20世纪20~30年代，近代天津租界报刊的内容也呈现出多元化的繁荣现象。兼具启蒙与娱乐的综合性副刊以及学理严肃、专业性强但又不失趣味的专业副刊日益繁荣。这些涉猎社会各个方面的副刊交相辉映，迎合了社会各界读者的需求，对社会变革和发展起了引导作用。民国时期天津四大报纸均开设副刊，如《大公报》各种类型的副刊在30种以上，综合考察各报副刊，可以发现报人们专注于市民个体现代化的着眼点，主要内容涉及科学、教育、经济、文学艺术、军事、医学、社会等多个领域。《益世报》先后创办的副刊有20种以上；《庸报》和天津《商报》副刊数量上虽然少于《大公报》和《益世报》，但两报的副刊也同样受到广大读者的欢迎。

4.3.4 新闻业的繁荣促进了近代天津人口文化素质的提高

近代中国城市人口的文化素质普遍不高。天津市识字运动宣传委员会曾于1930年调查过天津市域五个区和三个特别区的识字情况，结果显示当时人口已经超过百万的天津市的识字率尚未过半。究其原因，一方面是由于大量缺少基本教育的移民的迅速涌入，另一方面也有近代以来中国普通教育和社会教育范围有限的原因。因此，各报在

副刊上大肆宣传、介绍现代科学和技术方面的知识，在客观上弥补了普通教育资源的不足，并通过媒体宣传的放大作用，将一些普通科学知识传递到市民阶层，一定程度上起到了提高市民素质的作用。

参考文献

[1] 王薇. 租界社会与近代天津新闻事业的发展 [J]. 天津师范大学学报（社会科学版），2011（5）：27-30.

[2] 俞志厚. 1927年至抗战前天津新闻界概况 [A] // 天津文史资料选编第十八辑. 天津：天津人民出版社，1982.

[3] 黄兵. 比较新闻传播学 [M]. 北京：中国人民大学出版社，2002.

[4] 王润泽，谭泽明. 梁启超《庸言报》融入民初政治的路径研究 [J]. 南京师范大学学报（社会科学版），2018（1）：141-152.

[5] 郭传芹. 关于《汉文京津泰晤士报》的再考察——对《〈汉文京津泰晤士报〉一瞥》一文的商榷 [J]. 国际新闻界，2009（7）：125-127.

[6] 袁行霈，陈进玉. 中国地域文化通览·天津卷 [M]. 北京：中华书局，2014.

[7] 马艺. 天津新闻传播史纲要 [M]. 北京：新华出版社，2005.

[8] 郭倩. 甲午战争至维新变法时期的报刊政论研究——以直报为例（1895-1899）[D]. 天津：天津师范大学，2013.

[9] 刘家林. 严复和《国闻报》[J]. 采写编 2014（1）：55-58.

[10] 马艺. 天津新闻史 [M]. 天津：天津人民出版社，2015.

[11] 中国人民政治协商会议天津市委员会文史资料委员会. 天津报海钩沉 [M]. 天津：天津人民出版社，2003.

[12] 方汉奇.《大公报》百年史 [M]. 北京：中国人民大学出版社，2004.

[13] 吴廷俊. 新记《大公报》史稿 [M]. 武汉：武汉出版社，2002.

[14] 王添帅. 新记《大公报》副刊创办及其社会图景 [J]. 新闻研究导刊，2019，10（3）：82-83.

[15] 罗澍伟. 近代天津城市史 [M]. 北京：中国社会科学出版社，1993.

[16] 张朋园. 梁启超与民国政治 [M]. 长春：吉林出版集团有限责任公司，2007.

[17] 郝锦花. 20世纪前半叶乡村人口的识字水平 [J]. 山西大学学报（哲学社会科学版），2004（6）：116-118.

[18] 王润泽，谭泽明. 梁启超《庸言报》融入民初政治的路径研究 [J]. 南京师范大学学报（社会科学版），2018（1）：141-152.

[19] 李文健. 记忆与想象：近代媒体的都市叙事——以民国天津"四大报纸"副刊为中心（1928-1937）[D]. 天津：南开大学，2012.

[20] 李楠，姚远. 严复《国闻汇编》及其天演论传播 [J]. 西北大学学报（自然科学版），2013，43（2）：324-329.

第五章　教育文化

近代天津开埠后"经历了中西文化冲突，特别是向西方学习、兴办新式教育时代潮流的冲击，不仅成为传播近代西方文化的桥梁和窗口，而且较早地进行了新式教育的实践，并成为北方新式教育的中心"。从1860年英、法、美三国开辟租界到20世纪初九国租界的形成，近代天津租界居住人口也呈逐渐增加的态势。随着居住人口不断增加，相应的各级各类新式学校在租界也应运而生。教育是文化的基础，近代天津新式教育对近代城市的文化转型起了非常重要的作用。

刘泽华在《天津文化概况》一书中写道："在20世纪20年代，直隶一省无论是在中小学校的学生总数方面，还是在高等专门学校的学生总数方面，都在全国居第一位。这种状况，与20世纪初期天津近代教育的迅速发展有着密切关系。"租界兴起的近代教育模式无疑对吸引外侨和本地居民的迁入居住也起了很重要的作用。

租界里办学形式各不相同、学校规模各异，办学层次也呈多样化。据初步统计，近代天津的九国租界里共有各级各类学校59个。兴办的现代教育成绩斐然，成为天津近代教育之缩影和规式。

5.1　各租界兴办的教育

5.1.1　英租界的学校

英租界是近代天津租界中开办学校最早的租界，教育理念、教育内容和教学方法都是现代化的，与中国传统教育方式截然不同。英租界所兴办学校见表5-1。

英租界学校一览表　　　　　　表 5-1

校名	创办时间	地点	主办人	备注
中西书院	1886 年	达文波道	丁家立（美）	招收中国官僚子弟
英国文法学校	1905 年	怡丰道	英工部局	外侨子弟学校
俄侨学校	1922 年	达文波道	东正教	初名露西亚中学，外侨子弟学校
天津工商学院	1923 年	马场道	天主教	1948 年改名为津沽大学
慈惠中学	1926 年	巴克斯道	余忠毅	—
耀华学校	1927 年	戈登道	庄乐峰	—
圣功女子中学	1929 年	马场道	天主教	—
天津工商学院附属中学	1930 年	马场道	天主教	1948 年改为津沽大学附属中学
树人中学	1930 年	巴克斯道	刘崇壹	—
志达中学	1933 年	马场道	张淑瑜	—
大同中学	1933 年	围墙道	郝擢先	—
犹太学校	1935 年	维多利亚道	犹太教	外侨子弟学校
进修中学	1937 年	海大道	张序庭	前身民德中学
浙江中学	1938 年	盛茂道	王文典	王文典系浙江会馆董事长
达仁学院	1939 年	海大道	张维民	—
达文中学	1940 年	达文波道	姜般若	前身为美国人创办的伯特利中学

1. 中西书院

后改为新学中学。1886 年美国人丁家立在英租界创办了一所不带宗教色彩的学校——中西书院，后改名为新学中学。地点在英租界达文波道。该学校专门招收一些官僚、买办的子弟入学，李鸿章的儿子、孙子都曾在该校就读，这所学校在当时社会影响很大。1898 年与专为英国侨民儿童所设的男女学堂合并为"安立甘教会学堂"，成为专门为英国侨民而设的学堂。

2. 英国文法学校

也称作英国公学。是由天津学校会（Tientsin School Assoelation）倡议，1905 年 10 月在原安立甘教会学校的基础上成立天津高等小学，该校是英租界为外侨开办的一所公立学校，地点设在英租界怡丰道。该校开办初期由英国租界学校委员会管理，共有 4 名教员，学生大约

40 名。1906 年学校支出经费 9700 元。1918 年春季，该校转由英国工部局管理。学校开设有幼稚园、初等小学和高等小学，课程与普通学校规定相同。

1923 年，该校学生总数达 204 人，其中男、女生人数分别为 101 人和 103 人。1924 年学生人数为 226 人，其中男、女生人数分别为 110 人和 116 人；其中英国籍学生有 130 人，其他国籍有 96 人。学校教职员有 12 人，教师皆由工部局从英国最有学识和经验的教师中选派。按 1924 年预算，学校经费支出为白银 33794 两，学费的收缴是按照学生年龄分别计算，每学年分三学期交纳，每学期为 13 周。幼稚园儿童每年学费为 30 元，小学 6～8 岁儿童每年交费 34.5 元，8～10 岁为 40 元，10～12 岁为 50 元，13～15 岁为 55 元，15 岁以上为 60 元；非英、美国籍的学生，加收半倍，一个家庭有两名以上学童在校就读的，以及传教士的家属，均可以减免学费。

3. 天津工商学院

1920 年末，在法国驻天津领事馆领事隆单倡议之下，由法国耶稣会献县教区在中国北方城市天津创办了一所与上海震旦学院南北呼应的教会大学，即天津工商学院，如图 5-1 所示。

图 5-1　天津工商学院教学楼

创办该校是"为中国青年提供这个国家经济发展所必需的技术学科的严格训练"。1921 年初选定了英租界马场道为校址，开工兴建。1923 年预科楼建成后秋季即招生开学，法国耶稣教会天津主教于泽甫任校长。设工、商两科，附设神学系；工科分土木工程、建筑工程两系；商科分会计财政和国际贸易两系。1925 年开始招收 48 名正式本科生、51 名预科生。1924 年，开始兴建学校的教学大楼和图书馆，并先后分别于 1926 年和 1927 年落成。此时的中国急需精通现代科学和商业管理方面的人才，青年学子纷纷出国留学，但不少人到了国外却由于缺乏必要的基础训练而学习效果欠佳，导致这些人又不得不回国进入预科重新学习，浪费了很多时间和金钱。而此时工商大学的开办正好为这些青年提供了一个学习、训练基础课程的学校，使他们在自己的国家和熟悉的环境里学习从而打牢基础，使个人潜能得以开发。1927 年以后因学校发展较快而得到了中国政府的认可，但在申请注册时工商大学因未达到必须开设三个学院的规模要求，1933 年遂改称天津工商学院，预科也就因此而改为附属中学。1937 年开设建筑系。1945 年，天津工商学院已具备了三院七系的规模，抗战胜利后遂正式向国民政府教育部申报改建大学，1948 年 10 月 4 日通过了国民政府教育部的正式批准，改名为"津沽大学"。

4. 耀华学校

"1927 年耀华中学的创建是英租界华人抗争的产物"，是近代天津人民反抗西方殖民统治的一面旗帜，也是租界里的华人对近代以来"平等"理念的践行。

尚克强先生的《九国租界与近代天津》一书中记载，在 20 世纪 20 年代"英租界里居住的华人已占租界人口的 90%（据 1929 年的统计，租界中外国人口为 4500 余人，中国人口为 49000 余人）"。数据显示，到 20 世纪初，天津英租界里居住的华人人口已达外侨人口的 10 倍以上；同时这个数据也表明，华人居住者已成为英租界当局税收来源的主要贡献者。众多华人居住者的子弟对接受教育的需求不断增大，租界里却没有可供其学习的学校。英租界内只有一所 20 年代初由天津英租界工部局为外侨子弟创办英国文法学校，而华人子弟求学只能去租界之外的学校上学，通常需要往返数公里甚或数十公里的路程。在此背景下，英租界工部局的中国董事庄乐峰等人，为了为广大华人纳税人争取与其贡献相符的社会地位，遂向天津英租界工部局提出了"英租界向界内华人征收税款，理应用此做一些诸如兴办教育等有益公众的事"，以求得租界内中外纳税人的权利平等。庄乐峰先生在与英国租界工部局多次交涉后，争取到了从工部局的华人纳税款中提取 18% 作为办学资金，又与钟蕙生、冯仲文等人一起筹款 34000 两白银，因而得以筹办学华人子弟学校。1927 年英租界纳税华人子弟学校——"天津公学"正式成立，庄乐峰出任学校董事会第一届董事长，同时聘请北洋大学学监王龙光为校长。首届共招收了 46 名男女学生，仅有 4 名教师。

最初校址建于英租界戈登道 37 号，1928 年迁至英租界 17 号路，随着学校的发展，又选定了墙子河畔作为扩建的新校址，1929 年在此建成新校并开始使用。学校包括有小学部、男女分部的中学部以及体育馆、图书馆等教学辅助建筑。

1934 年 9 月经教育部核准，定名为河北省私立耀华中学校，从此"耀华中学"一直沿袭至今。"耀华"的含义是"光耀华人"之意，在租界林立的近代天津，凸显出了办学者力图通过学校教育为华人、为中国争光的骨气和救国救民于危难的决心。以后"耀华"二字被引申为"光耀中华"之意，此意得到爱国教育家赵天麟校长的高度赞赏，以及学校管理委员会和全体师生的一致认同。校董庄乐峰先生重金托请津门四大书法家之一的孟广慧先生书写了"耀华学校"的四字牌匾，悬挂于校门上方，如图 5-2 所示。

此后，"光耀中华"成为耀华中学校近百年来办学的核心价值，体现了教育家既有包容、开放的现代人胸怀，又有中国优秀传统文化中"家国的情怀"，对耀华一批批学子产生了深刻的影响，这一价值理念在耀华中学的发展中得以秉持、践行和传承。

1934 年第三任校长赵天麟了提出"尚勤、尚朴、惟忠、惟诚"的主张，概括为"勤朴忠诚"的耀华学校校训，在耀华中学办学中的点点滴滴均予以体现，概括起来就是非常重视对学生的全面发展培养。

图 5-2　耀华学校大门

　　第一，体现在师资方面。师资是教学理念和教学目标得以实施的中坚力量，优秀的师资队伍对学生的影响巨大。因此，耀华中学建校之初就聘请了当时最优秀的教师来校任教，甚至不乏大学教授。

　　第二，教学过程中文理并重。耀华中学具有先进的实验室和实验仪器，以及优秀的师资，使其理科教学水平极高；同时在文科教学方面也极具特色，"因为在租界地华人办学校，耀华格外重视国文教育，教师们都试图通过国文课向学生们进行中国民族传统文化中民族气节、华人骨气的教育"，为此，耀华中学还专门开设了一门读经为主的"四书五经"课程，甚至在高二和高三年级还专门开设了《说文解字》和中国文学史等课程，目的就是使学生了解和学习中华文化的优秀传统。

　　第三，教材多为经典。"比如以《论说轨范》作为写文言文的礼学范本。国文课文不仅有朱自清、鲁迅、莫泊桑等人的中外近代文学作品，还选读《论语》《孟子》《诗经》乃至《左传》。音乐学习过《乐学基础》。数学也用的是《三 S 平面几何》《斯盖尼解析几何》及《范氏大代数》等当时先进的教科书。"同时，也非常注重音、体、美等学科的教学。

　　第四，社团活动。历任校长在不仅重视各个学科的课堂教学，从赵天麟校长开始就非常注重学生的社团活动，培养知行合一的学生。自1937年7月30日天津被日军占领后，学校便允许学生们自发组织歌咏比赛、制作生物标本及自办壁报等活动来抵制日军的奴化教育，以此来掩护学生免受日伪当局的迫害。耀华中学的课外社团活动逐渐发展起来，以后成为耀华学校的校园文化并得以传承下来。

耀华中学不仅校舍宏伟、设备优良，堪称全市之冠，而且该校的教学质量也在全市同类学校中名列上乘。1936年，耀华中学在全市高中毕业会考中，名列总分第一名，在个人成绩前十名中，耀华的学生占了4名。由于教学成绩优良，燕京大学特批准该校为"承认中学"，每年派专人到耀华招收新生，招生时只考三门主科，其他各科均予以免试。

5. 圣功女子中学

天津圣功女子中学（图5-3）。是在圣功学堂的基础上发展建立起来的，其办学特点是专门招收女生，又名圣功女校。"圣功"取自《易经》"蒙以养正，圣功也"之句，校训为"温良恭俭"，体现了那时女学新风的时代风格。为解决外侨子女的就学1914年创立了圣功学堂，校址设在法租界义庆里，共招收了小学学生70名。毕业于天津北洋女师范学堂的夏景如女士是创办人之一，1915年后任校长。1915年秋天，学堂迁到了法租界海大道美以美会旧址。之后又迁到了法租界福煦将军路。1917小学内附设师范班，学制为五年，之后便在师范班基础上建立了圣功女子中学。1929年在英租界的44号路又另修建了一处新校舍，便将师范部改为中学部，学校设有初中班一个和高中班两个。1941年底，四层高的圣功楼在马场道上的陶园落成启用，成为圣功女中新校舍，圣功女子学堂中学部遂迁至英租界陶园，即现在的新华中学校址。

5.1.2 法租界的教育

法租界也是开办新式学校较早的租界。法租界里开始兴办了一些不同于中国传统僵化、教条、传统的读书、诵经的学校，为教育带来了一股新气息。除早期外国人开办的

图5-3 圣功女子中学

学校外，清廷为洋务运动专门培养人才的学校也有一分部开设在法租界，具体见表5-2。

法租界学校一览表 表5-2

校名	创办时间	地点	主办人	备注
北洋电报学堂	1880年	紫竹林	李鸿章	—
北洋医学堂	1893年	海大道	李鸿章	后改名为北洋海军医学堂
圣路易中学	1887年	圣路易路	天主教	外侨子弟学校
法国学堂	1895年	教堂前大街	天主教	1916年更名法汉学校
新学书院	1902年	海大道	基督教	
中西女学	1909年	海大道的马家渡口教堂	基督教	只招收了十几名学生，1914年，至南门外南关
西天小学	1914年	教堂前大街	天主教	—
圣功小学	1914年	福煦将军路	天主教	
圣若瑟女校	1914年	大法国路	天主教	外侨学校
若瑟小学	1915年	喷井路	天主教	
法汉小学	1916年	教堂前大街	天主教	
西开中学	1916年	教堂前大街	天主教	—
法英学校	1920年		法国神甫	外侨子弟学校
法国公学	1920年		法工部局	外侨子弟学校
广东学校	1920年	福煦将军路	陈祝龄	陈祝龄为广东会馆董事长
通惠商科职业学校	1924年	巴黎路	陈永寿	—
弘德商科职业学校	1926年	福煦将军路	罗光道	
培才小学	1927年	德大夫路	基督教	—
济华高级护士学校	1929年	海大道	基督教	附属于马大夫医院
众成商业职业学校	1937年	巴黎路	王晓岩	王系天津钱业工会主席
仁爱高级护士职业学校	1943年	圣路易路	天主教	附属于天主教医院

1. 洋务学堂

洋务运动的一个重要内容就是开办新式学堂，近代天津开办有四所洋务学堂，其中两所校址就选在法租界，分别是1880年开办的北洋电报学堂和1893年开办的北洋医学堂。

（1）北洋电报学堂

洋务运动时期兴办的学校数量虽然不多，但是有其鲜明的特色。

开办最早的是 1880 年创办的北洋电报学堂，1900 年八国联军入侵时停办，校址在法租界紫竹林。创办初期聘请丹麦大北电信公司技师任教，主要培养为洋务运动服务的电报报关生，1896 年又聘了法国、英国、丹麦的教师任教习，是中国近代最早开办的培养信息技术人员的工艺学堂。北洋电报学堂主要开设的课程有"电报实习、基础电信问题、仪器规章、国际电报规约、电磁学、电测试、各种电报制度与仪器、铁路电报设备、陆上电线与水下电线的建筑、电报线路测量、材料学、电报地理学、数学、制图、电力照明、英文和中文"。从开设的课程来看，在理论知识教学的基础上，北洋电报学堂还十分重视教学内容的实用性以及学生的实际操作能力，开启了我国近代工业技术学校之先河。"北洋电报学堂自 1880 年创办至 1900 年停办，历时 20 年。在这 20 年里，共毕业学生 300 人，这 300 人是名副其实的中国电信事业的先驱者。"

089

（2）北洋医学堂

创办于 1893 年的北洋医学堂亦是我国兴办最早的军医学堂，坐落于法租界海大道，也是我国自办西医学堂的开端。"承袭西法"为其办学特色，无论从课程设置，还是教学内容、教学方法上均全部西化，师资也全部聘请外国教员。学校的教务工作由时任天津税务署的医官欧士敦主持，聘请具有实际从医经验的医生担任教师，课程全部仿照西方医学院校开设的标准，学生"分习洋文医理，讲贯编摩"。

洋务学堂从教育体制上来说还不能被称为近代的教育，但是已经开始在几千年的封建教育体系中注入了新的生命力。打破了中国传统教育文化中重经义、重诗赋、因循守旧的传统，特别是突破了以八股取士的封建教育思想和教育制度的禁锢，促进了中国传统"德上艺下"的文化观念向"德艺并举"的文化观念转变，开辟了以培养"技、艺"为核心，以注重实用、解决实际问题为培养人才的办学目标的新途径，为近代中国教育向开放、包容、务实的转变起了非常重要的推动和示范引领作用，符合世界潮流发展的大趋势，对推动近代中国教育功能向现代化的转变作用很大。

洋务学堂无论从教育形式还是教育内容上都是一个彻底的改变，

从形式上结束了学子终生诵读经书和"代圣人立言"的那种僵化、教条的教学形式，在具体的教育实践上是一个巨大的转变。无论是招收学生，还是教学上的课程设置、授课方法、考核方式上，将空疏的传统教学进行了彻底的变化，特别是以学科分班和分年级教学的模式改革，将先进的教学、管理方法融入中国传统教育之中，成为近代教育改革的大胆实验者和尝试者。

2. 外国人在法租界办学

1872 年美以美会（卫理公会）传教士达吉瑞开始在天津紫竹林海大道建立维斯理堂开始传教，十年后，1882 年达吉瑞又创办了女学道房，1886 年美以美会在天津创立了膳宿兼备的男女学堂，名为蒙学馆，招收男生 12 人、女生 10 人，1890 年美以美会的牧师倭克创办了成美馆。

（1）中西女学

1909 年基督教美以美会创办中西女学，校址最初设在海大道的马家渡口教堂，只招收了十几名学生。1914 年，学校经过多方募集捐款，在南门外南关购买土地 25 亩来建校舍，1915 年落成。1924 年在校学生已有 280 余人。该校是天津最早采用学分制的学校。同其他教会学校一样，十分重视英语教学。除国文、中国史地以外，均使用外国原版教材。教师授课均使用的是英语，要求学生在学习中也须使用英语。与其他普通学校不同的是，该学校还专门开设了六七间琴房，供学生练琴使用，显示该校重视学生音乐素养，通过对学生进行艺术素质教育来塑造人格的教育理念。

图 5-4　法国学堂

（2）法国学堂

1895 年，法国驻华公使施鄂兰和驻天津总领事杜士兰提议紫竹林教堂创办一所为驻华机关和企业培养通晓法文人才的华人学校。此校报经直隶总督李鸿章批准，在法国工部局旁建校，校名为法国学堂。

同时，法国学堂还制定了新的教学规则，"由法国工部局派员担任考试员"。自此，该校形成了由法国的圣母会管理教学、由工部局派员监理考试并授权颁发文凭的制度。1902 年校址迁到望海楼，教学科目分为法语、中文、数学、地理、簿记等。学制以四年为期，也可根据需要随时毕业。1907 年改名为法国工部局学校，课程也由专教法文而转为普通中学的课程。1916 年随同法租界侵占西开迁至西开教堂新建校舍，同年改为法汉学校，如图 5-4 所示。

1929 年因向中国政府立案，校长改由工部局师爷（局长身边的翻译）许日升担任，但大权仍操在法籍传教士葛子琦之手。日伪时期，特聘汪伪政府驻日大使徐良为董事长。日本投降后，国民党势力与教会共同控制该校。法汉学校虽然几易其名，但始终隶属法国工部局，一直由天主教圣母文学会修士掌管。

法汉学校的毕业证含金量相当高，毕业生除由于得到天津本地的法国机关、企业认可可以直接录入工作以外，在国内还可以免试就读上海震旦大学及其他本科大学，并且如果到国外学习的话还可直接留学法国。

（3）新学书院

1902 年，基督教英国伦敦会利用《辛丑条约》英国的赔款在天津法租界海大道兴建了新学书院。校舍风格模仿了英国牛津大学，为青灰色古堡式建筑，如图 5-5 所示。

图 5-5　新学书院

新学书院的办学目的"是为在中国的青年人提供一种学习上的有利条件，一般人认为这种条件只有生活在外国才能获得"。创办人赫立德（Drs. darington. Harte）是英国勘伯黎基大学文科硕士、伦敦大学的理科博士，还是自行车飞轮的发明者，他与时任直隶总督兼北洋大臣的袁世凯私交甚密。第二任校长戴乐仁，是英国维多利亚大学理科硕士；副院长穆瑞，是英国牛津大学文科硕士。新学书院的外籍教师大都毕业于英国著名大学，由这样一些接受过近代高等教育的人来办学，为天津的近代教育带来了不同于传统教育的新气象。新学书院按照大学学制设立，学制四年，前两年教授基础学科，后两年分科教授，开设有格致科、博学科、化学专门科、工程专门科、文学专门科等六个学系。同时，还附设了中学班，学制同样也是四年。书院使用西方教材，是天津最早采用外国教材的学校。初建校时有教师 15 人，职员 3 人，学生 125 人。1916 年，教师有 22 人，学生 380 人，1925 年时，学生人数达 600 人。

"对于受过更多近代教育的中国人来说，英语愈来愈成为不可或缺的知识"，新学书院以外语教学水平高而出名。中学除了国文及中国历史、地理使用中文教材外，数学、物理、化学、生物、世界历史、世界地理等各科一律采用英文教材，教师授课也完全使用英语。英语课不仅是各科中课时最多的课程，而且十分规范。课程有英国文学课、作文课、会话课、听写课、翻译课等，每周安排 12 课时。为了加强英文的训练，学校一切公文、布告均使用英文，连学生写信，甚至写个请假条也必须用英文；学校还规定每天 10 点到 10 点半的例行祈祷必须用英语诵圣诗、唱圣歌、读圣经；学校还经常开展英语讲演会，排练英文戏等活动。"学生毕业也直接留学英美，其英语水平可以达到燕京大学、香港大学一二年级的水平。其篮球和足球运动也是在当时各校中开展最早的。"

新学书院还附设华北博物院，该博物馆陈列有地质、鳞介、兽属等，一是对外开放供社会各界参观，二是供本校学生参考学习之用。在博物馆里，《圣经》描写的各种物品，如荆棘冠、牛膝草、香料盒、犹太人坟墓、会堂圣殿等的模型应有尽有。

5.1.3　日租界的教育

日租界最初开办的学校是日本人专为清末华人子弟所办，以后逐渐开始兴办各种类型的学校，详见表 5-3。

日租界学校一览表　　　　　　　　　表 5-3

校名	创建时间	地点	主办人	备注
天津共立学堂	1900 年 12 月	闸口街风神庙，1913 年迁至山口街	日本领事馆，1906 年由日租界中国董事会经营	专门教育华人子弟的学校，初名为日出学馆。1904 年改为天津普通学堂，1906 年改为天津高等学堂，1908 年附设共立小学堂，1913 年共立小学堂与天津高等学堂合并，改称天津共立学堂
天津寻常高等小学	1902 年 12 月	成立之初在山口街，1906 年迁至福岛街	成立之初是私立，1906 年为居留民团管理	外侨子弟学校
日本幼稚园	1909 年 8 月	淡路街	基督教徒冲田介次郎、滨田正直等	—
天津日本青年学校	1919 年 4 月	宫岛街	日本青年会，1933 年由共益会经营	外侨子弟学校。1928 年改为天津实业专修学校。1933 年由共益会经营，校名改为天津日报商业补习学校。1935 年组为五年制青年学校，同时成为国外指定学校
天津日本高等女学校	1921 年 4 月	明石街（松岛街）	日本居留民团，1930 年由天津共益会经营	1924 年名为国外指定高等女学校，1930 年由天津共益会经营改称日本高等女学校。1941 年再次改名为天津松岛日本高等女学校
中日中学	1922 年	南门外	日本东亚同盟会	原名同文书院，主要招收中国学生
三八女子职业学校	1927 年	秋山路，1935 年后迁入英租界	曹陈寒蕊	—
天津第二日本寻常小学	1936 年 4 月	宫岛街	日本居留民团	1940 年改为芙蓉国民学校

续表

校名	创建时间	地点	主办人	备注
天津日本商业学校	1933年4月	办学初期借芙蓉街青年会馆作为临时校舍，1936年移至淡路街、宫岛街拐角处		1933年被日本文部大臣、外务大臣指定为国外指定学校
爱善日语学校	1933年	宫岛街	东京日文协会	培训翻译人员
淡路国民学校	1936年4月	淡路街		—
天津宫岛日本高等女学校	1941年	西宫岛街，1941年12月迁至英租界的天津英文学堂		—

1. 天津共立学堂

由日军驻津司令部于1900年12月创办，初期办学具有"'官办官营'的军事色彩浓厚"的特色。学校创办者是驻华屯军陆军宪兵队长大尉隈元实道。该校是日本在天津设租界47年中设立的唯一的一所为华人子弟创办的学校，图5-6为该校师生合影。

学校成立之初取名为日出学馆，校名取自日本飞鸟时代的皇族政治家圣德太子给隋炀帝的国书中的第一句话"日出处天子致书日没处天子书"，具有鲜明的日本色彩。

据《清末民初天津日本租界的初等教育一考——以日出学馆为例》一文考证，日本人吉泽诚一郎在《天津案内》记载："庚子事变爆发时，日本军占领了天津城南一带后，以同化清国人为目的，在闸口风神庙内开设了日出学堂，由将校下士官亲自执掌教鞭教育清国人子弟。"该校创办初期的教师是由日本军人来担任的，其办学主要目的是利用"日出学馆"实施殖民教育，通过掌控中国的教育主权来同化中国人，进而把中国的青年精英培养成亲日人士；另外一个目的是通过培养通晓日语的人才，以服务于日本在华开办的企业、洋行、会社等。日出学馆办学初期影响就很大，"日出学馆在招募学生之初，报名者逾四百人，测试选取八十人"。

图 5-6　日出学馆师生合影

日出学馆的学制为六年，分初级和高级，学制各三年。开设的主要课程有三大类：一是基础学科，有修身、国语、算术、体操等；二是社会科学（地理、历史）和自然科学（理科）；三是艺术（图画、手工、唱歌）。并且各科目均需加入日文。学校特点：一是注重日语教育，二是开设现代科学学科，三是加强学生身体健康锻炼，四是培养学生的艺术修养。该校的师资与其他学校不同，日语课程是由日本驻军军部派遣的士官教授，而国文课主要内容是教授汉文习字，是由中国私塾老师任课。该学校的办学模式为清末的初等教育提供了参考。

2. 天津寻常高等小学

1902 年由日本人开办，初期为私立，主要招收日本适龄儿童，校址设在日租界山口街。1906 年居留民团将其收归公办，改名为天津普通高等小学，校址迁到福岛街，如图 5-7 所示。

此后，天津普通高等小学成为日租界当局所属的实行六年制义务教育的公立小学。

图 5-7　天津寻常高等小学

3. 天津日本商业学校

　　1936 年在天津居住的日本人已经超过了 1 万人，1937 年更是达到 1.7 万人。1937～1941 年每年大致增加 I 万人，截至 1943 年 7 月，日本侨民已达 26472 户，共 73562 人。

　　20 世纪 30 年代成立的天津日本商业学校，由于学校教学水平和培养学生全面素质非常出色，已经成为非常有名的学校，在当时拥有了良好的口碑。天津商业学校不仅在培养人才方面受到世人称赞，学校的其他方面也很出色，该校曾在 1938 年和 1939 年连续两次参加日本著名的甲子园高中棒球大赛，获得世人好评，能够参加这个大赛对于每一个棒球手来说都是一件非常光荣的事情。此外，该学校还于 1941 年 11 月举行过滑翔机命名升空式，滑翔机被命名为"天商第一号机"。《京津日日新闻》对该校的毕业生就业的薪酬情况曾做过专题报道，"天津商业毕业生成为各方面争抢的红角儿，一工作工资就超过 100 日元"。1939 年 3 月 16 日又报道："刚工作时工资为 100 至 150 日元，平均 130 日元，女学校毕业生 80 日元。"可见，天津日本商业学校作为近代天津以培养学生商业知识见长的中等学校，培养人才之多，社会影响之大。

096

5.1.4 德租界

德租界在华存续时间较短,开办的学校不多,但影响较大,见表 5-4。

德租界学校一览表　　　　　　　表 5-4

校名	创建时间	地点	主办人	备注
中西学堂、中西学堂二等学堂	1895 年	威廉街	盛宣怀	为清政府官办学校
天津德华普通中学堂	1907 年	威廉街	德国领事馆、德侨捐资	—
贫民学校	1914 年	五号路	基督教卫理会	1929 年改为特一区汇文第二小学

097

1. 天津中西学堂

天津中西学堂,是近代中国第一所真正意义上的大学。其创办体现了近代以来对先进教育理念的践行,为我国近代高等学校初创时期的教学和管理起了示范和规式的作用。

1895 年 9 月,天津海关道盛宣怀呈请北洋大臣王文韶奏准在天津创办中西学堂。王文韶将奏折改为《津海关道盛宣怀创办西学学堂禀明立案由》具奏光绪帝。1895 年 10 月 2 日,光绪皇帝准"直隶总督王文韶奏,津海关道盛宣怀倡捐集资创办西学学堂案"。"天津中西学堂"正式创立。1896 年更名为北洋大学堂。天津北洋西学学堂创建初期校址在梁家园,是原博文书院的旧址,如图 5-8 所示。

图 5-8　天津中西学堂

中西学堂分设头等学堂和二等学堂。头等学堂相当于本科，二等学堂相当于大学预科，学制均为四年。由美籍传教士丁家立任总教习主持校务，授课教师均由丁家立亲自聘请美国的学者担任。丁家立从办学之初就参照美国的哈佛大学和耶鲁大学等学校的办学模式来管理学校和进行教学活动。中西学堂头等学堂开设法律、采矿冶金、土木工程、机械等四个科目，开办当年从津、沪和香港等地招收 30 名学生。二等学堂开设是为升入头等学堂而备，设英语、数学、各国史鉴等课程，从 1896 年开始招生。

1900 年八国联军入侵天津，北洋学堂的校舍先后被美、德侵略军占领，北洋大学堂停办。1902 年 9 月，直隶总督兼北洋大臣袁世凯恢复中西学堂办学，将坐落在天津城北的原天津西沽武器仓库拨给了北洋大学堂来重建校舍。

北洋大学堂在创建初期就制定了一系列较为完善的近代大学教学和管理制度，除了制定学堂规章、学堂功课、学堂经费等各项管理制度外，1903 年北洋大学堂迁入新校址，对原有科系作了调整，为进一步加强对学校的管理，又重新制订了一系列教育教学的管理制度。这些制度包括总办规则共 16 条、教习规则共 14 条、考试规则共 11 条，其他还有学监规则、检察官规则、课程分数规则、总教习规则、医务处规则、杂务处规则、支应处规则、斋务规则、食堂规则等。从这些管理规则的制定我们可以看出，北洋大学在初创阶段基本完善了人事（包括管理层人员、教员、学生）、教务（包括学籍、考核等）、总务（包括后勤杂务、财务医务等）等现代大学的管理机制，又可以看出在这些制度中所体现的民主管理精神。

北洋大学堂的开办是我国近代高等教育的开端，反映出中国人在向世界学习的过程中认识上的转变和社会的进步，其拥有完善的教育系统和完整的育人模式，在初创阶段就为我国培养了一批具有真才实学的专家学者，为我国近代科学教育事业培养了一批人才，促进了中国高等教育的发展。

2. 天津德华普通中学堂

1907 年，为满足旅居天津的德国侨民子女接受教育的需要，由德租界当局组织，在津德侨集资兴办了一所兼有小学和中学的学堂——天津德华普通中学堂。校址在德租界威廉街大营门外原北洋西学学堂旧址，当时是在德国兵营内。但随着租界的不断发展和扩大，也开始招收华人子女入学就读。德华普通中学堂为男校，办学经费除由德华教育会出资外，主要来自德国捐款，学生毕业后，或到德商洋行工作，或直接升入上海同济大学，大学毕业后还可以再去德国留学深造。

天津德华普通中学堂是德国在津兴办的唯一一所中学，采用普鲁士的办学模式，该校课程设置均依据普鲁士学校的教学计划准则及其附则。在德国领事馆控制下，学校设董事会管理各项事宜。董事长为德国领事官文硕，董事有劳鲁士（德华银行行长）、宝克司（该校校医）、韩尼肯（井径矿务局局长）、鲍敖古（书记官）、李世铭、严昭明、博尔克（校长）。德籍的校长和各科教师大多数能讲较流利的中国话。除德国教师外，还有几位中国教师教授汉语言文学、历史等。德华学堂办学初期的目的是解决德租界内侨民子女的受教育问题，随着租界华人增多，该校招收14～20岁高小毕业或能作300字汉文的中国男学生，而录取学生的标准是看学生的智力水平。"发展到1909年，这所学校历经了一次较大规模的扩充，主要是由于增收了很多非德籍学生，除中国的学生之外，当时学校还招收了很多因被日本占领而移民到中国的朝鲜籍学生。"

天津德华普通中学堂的费用是每学期学费12元，住宿费7元，伙食费5元6角。因各门功课（包括德语、文学、数学、物理、化学等）都是德语讲授，学生入学后首先学习德语。该校使用的教材是德国中学教材，以教授自然科学为重点，以期学生能顺利通过德国学校的高中毕业考核。

天津德华普通中学堂1915级的毕业生李邦翰，字蕃候，考入德国福朗府大学经济科，获社会经济学博士学位，先后任上海同济大学教授、河北省立第一中学校长、天津市立师范学校校长等职，成为天津近代著名教育家。

1918年德国战败后，在校学生纷纷退学转校，有关当局也不许德方办学。1919 年由天津教育界著名人士李金藻出面接管，改组为大营门中学，并任校长。

5.1.5 意租界

意租界学校不多，具体见表 5-5。

意租界学校一览表				表 5-5
校名	创建时间	地点	主办人	备注
木斋中学	1932 年	小马路	卢木斋	—
渤海中学	1937 年	大马路	邓庆澜	—
含光女子中学	1939 年	意租界南东马路	张淑纯	—

5.1.6 俄租界

俄租界只有一所俄国露西亚学校，系天津东正教本堂司祭卫克托尔于 1922 年在俄租界创办，1930 年改为七年制中学，校址迁到英租界达文波道，房产为俄商巴图也夫捐赠，改名为俄侨中学。1948 年该校向天津市教育局立案，改名为苏联中学。

5.2 近代天津租界教育的特点

早期设立于租界的公立学校，多半是在洋务运动期间由清府筹划开办的专门学堂，由于时局的变迁，这些学堂大多没有延续下来。20 世纪以后，随着各帝国主义列强在天津租界面积的扩大和发展，英、法、日三国租界里中外人士参与创办的私立学校日渐增多。由于租界私立学校的学费昂贵，一般家庭的子女无法入校就读。除个别私立学校外，一般学校规模均不大，同时也开办有职业学校或同乡会性质的学校。

租界办学分三个阶段，1860～1900 年为兴起阶段，1901～1910 年为发展阶段，1911～1945 年这一时期是租界里学校兴办的高峰期，各级各类学校在租界里纷纷兴办。从办学层次上看有大学、中学、小学和蒙养院；从办学形式上看有基础教育、实业教育、师范教育、社会教育等不一而足。这些新式学校打破了中国传统的教育模式，采用先进的教学方法，教授现代科学知识，注重对学生全面能力的培养，客观上促进了西方先进的教育理念、教育内容、教育方法在近代中国的传播。

5.2.1 办学形式多样、规模各异

兴办者身份不同，形式多样，规模各异，办学类别众多。第一种，由各租界当局所办，招收的学生均为外国侨民，比如英国公学、法国公学、日本寻常小学等。第二种，外国人办的各种学校，这类学校兴办者和办学形式呈现多样性，既有教会组织兴办的学校，也有无宗教色彩的学校；既有普通学校，也有职业学校；既有专门招收中国人子弟的学校，也有为外侨子弟专设的学校，同时也有中外籍学生均招收的学校。第三种是中国人兴办的，官办技术学堂和高等大学堂，比如北洋电报学堂、北洋医学堂，以及北洋大学堂。第四种是中国人开办的各层次的新式学校，这是中国人中的有识之士开始自己兴办的新式学校，还有木斋中学、木斋幼稚园等。还有一种是租界当局为华人纳税人的子弟兴办的学校，典型代表就是耀华学校。

5.2.2 办学内容现代化、教学方法新颖，符合时代发展潮流

天津是近代中国兴办新式教育的北方重要城市，近代天津租界乃是近代中国新式教育的发祥地之一，对近代天津乃至近代中国的教育近代化起了示范和引领的作用。

1. 重视外语教学

租界教育中各级各类的学校，无论是普通教育还是职业教育，无论兴办者是谁，总体上最大特点就是都非常重视外语教学，加大了外语课程在总课程中的比例。除了专收外侨的学校，其他的各类学校均十分重视外语教学，甚至直接使用外语教学。如北洋大学在教学过程中全部用英文讲授，而其学生毕业后，可直接到国外的大学读研。新学书院也是要求学生尽力在学校期间全部用外语学习，新学书院的英

文课时每周多达 12 节，该校还经常举办各种英文演讲会，甚至要求学生写请假条也用外语，该校培养的学生毕业时可以到教会大学燕京大学、香港大学就读而不需要补习，也可直接留学欧美。工商大学也同样如此。如法汉学校、德华学堂的中学毕业生由于出色的外语水平和坚实的基础知识可以直接升入国内外的大学就读。

2. 重视对学生全面素质的培养

通过教学内容、教学方法的变革，来提高学生身心健康和综合素质是教育走向近代化的重要标志。仅以小学为例，在所开设的课程中，除了国文、算术等课程外，还有了图画、手工、音乐等培养学生艺术素养和动手能力等的课程，重视学生身心健康和全面素质的培养，引领了近代天津教育的转型。

3. 重视体育运动，培养学生强健的体魄

在上述各类学校中，不可忽视的一个现象就是这些学校也都非常重视体育运动，而且将体育活动纳入了学校的教学计划之中。考察学校的课程设置就会发现，小学中体操课是必不可少的。新学书院的学生以体育水平见长，该校除每年组织学生运动会，1925 年来新学书院任教的埃里克·亨利·利迪尔（Eric·Henry·Liddell）还曾是 1924 年在巴黎举行的第八届奥运会男子 400m 跑冠军。将德育、智育和体育并重是该校的办学宗旨和教育理念，新学书院是近代最早开展篮球和足球运动的学校，学校体育成绩在华北和全国都很出名，培养出了我国最早的足球运动员，该运动员还曾作为国家足球队队员参加过远东运动会。该校还有多次打破全国跳高纪录的运动员吴必宪、"三铁"运动员刘福英等学生。

5.3　引领中国近代教育

租界办学的形式是多样的，早期各租界当局及外国人在天津办学，目的是多方面的。一方面是为了解决在天津工作的外侨子女接受教育问题，一方面也是为了培养为其服务的中国人。抛开其办学目的，其兴办的学校的教育目标、教育形式、教育内容等诸方面，都表现出了近代教育的鲜明特点，在客观上带动了天津近代教育的发展，为促进和提高近代天津办学的水平和质量提供了可借鉴范例。

5.3.1 改变了中国传统教育"学而优则仕"的价值取向

与中国传统的教育目的截然不同是这一时期教育的鲜明特点。这一阶段的学校教育摒弃了中国传统的读书以"取士做官"的学习目标，彰显了西方以普及国民教育、提高国民知识水平为教育目的的特点。对于打破迂腐僵化的中国传统教育"读书的目的是以做官取士"的观念，形成读书即是为提高知识水平和素质的观念起着示范作用。"不独要有精深的专门学识和训练，对于改造国家的影响……，他们能参与知道中华文化和国家生活进步的方向，而且能有实力令这种进步得以实现。"

5.3.2 学制完整、课程规范

这个时期的学校从学制规范和完整性、课程设置的全面性、教学方法的多样性等方面已具有了规范和严谨的制度保障，而且赢得了较好的社会效果。这一时期兴办的学校，不仅开设了国文、科学、史地等课程，还开设了图画、音乐、手工、体操等课程，表明十分注重培养学生身心健康和全面发展。这些学校全新的教学内容、教学方法，起到了引领近代天津由封闭僵化的传统教育走向近代化、逐步融入世界教育近代化的发展体系之中的转变作用。

5.3.3 引领了女学的兴办

中国封建传统教育剥夺了绝大多数女子受教育的基本权利，只有少数女子能在家中"延师受教"。在近代教育中天津租界里的女子学校是较早开办的，较之前有些教会学校举办的各类女子学堂而言，这一时期形成正规的女子学校，为实现男女平等地接受教育的权利做出了表率。在对待女子接受教育的问题上，天津租界教育在天津兴办女子学校、招收女子上学要比天津租界以外兴办女学早上十几年。提倡男女平等，让女子也享有接受教育的权利，近代租界女学的兴办对近代天津女学的兴起和发展起了一定的引领作用。

5.3.4 教育体系完整

通过多年的发展，租界的学校也逐渐形成了一个完整而全面的现代教育体系。表现为，普通教育的教育结构完整，其中包括了具有大学、中学、小学三级学校，而且还开办了蒙养院；职业教育种类多，培养了社会需要的多种有专门技能的人才；社会办学也非常广泛，对提高社会各类人员的文化素质起到了非常重要的作用。由此，纵向形成了一个逐级递升的学校教育体系，横向则形成了一个以普通教育为主兼有各类专业学校的学校体系，纵横交织、建构全面而完整。

参考文献

[1] 尚克强. 九国租界与近代天津 [M]. 天津：天津教育出版社，2008.

[2] 刘泽华. 天津文化概况 [M]. 天津：天津社会科学院出版社，1990.

[3] 罗澍伟著. 百年中国史话第二辑：天津史话 [M]. 北京：社会科学文献出版社，2000.

[4] 赵宝琪，张凤民. 天津教育史（上卷）[M]. 天津：天津人民出版社，2002.

[5]（英）雷穆森. 天津租界史（插图本）[M]. 许逸凡，赵地，译. 天津：天津人民出版社，2009.

[6] 万鲁建. 天津日本居留民的学校教育 [C] // 南开大学日本研究院编. 日本研究论集2008. 天津：天津人民出版社，2008.

[7] 胡瑞琴. 晚清传教士教育论著及对近代中国初等教育的影响 [C] // 中国近现代史史料学学会. 中国近现代史史料学学会学术会议论文集之七——中国近现代史及史料研究. 北京：世界知识出版社，2007.

[8] 张大民. 天津近代教育史 [M]. 天津：天津人民出版社，1993.

[9] 吴艳. 清末民初天津日本租界的初等教育一考——以日出学馆为例 [J]，河北大学学报（哲学社会科学版），2013，38（6）：112-116.

[10] 胡滨，卞永海. 天津德华学堂创建新考 [J]. 历史教学（高校版），2007（7）：94-97.

[11] 王彦力，赵亮，史利平，等. 天津近代历史名校文化特色研究——以南开和耀华为例 [J]. 教育现代化，2016（3）：1-31，37.

第六章　娱乐文化

西方列强在中国划定的租界，是根据不平等条约在开设通商口岸的中国城市中建立的拥有特权的外国人居住地。租界是帝国主义破坏中国的领土和主权完整的"国中国"，同时也成为近代中国人窥视西方生活方式的一个重要窗口。租界所展示的西方都市文化在推动近代中国社会生活都市化的进程方面起了一定的作用。

近代天津由于租界林立、商旅如云、华洋杂居，作为南北经济往来、文化交流的重要枢纽，逐渐发展成为近代北方重要的工商业城市。在租界里，西方人所带来的不同于传统中国的生活方式成为最引人注目之处，电影、舞会、音乐、话剧、广播、赛马、溜冰、台球等各种娱乐休闲方式的出现，也使中国人耳目一新。租界到 20 世纪初在天津已存在了近半个世纪，成为传播西方文化的窗口。特别是民国建立以后，租界里华人人数大量增长，租界与租界以外的进一步结合，以及大众传媒的迅速发展，使西方娱乐文化对近代天津城市社会的影响越来越大。"传统的文化娱乐生活方式抑或逐渐衰微、消亡，抑或适时增添了不少新内容而发生着变异。从而为近代城市文体娱乐活动增添了许多新的形式与内容，大大丰富了近代城市社会生活。如电影、话剧、西洋音乐和舞蹈、体育等的引进与发展，打破了传统的京剧与地方戏一统天下的局面。夜总会、舞厅、剧院、影院、赛马场、弹子房等西方娱乐场所的出现，亦为近代城市生活增添了光彩。"

20 世纪二三十年代，天津领西风之先，成为中国北方经济、文化中心城市。租界里影剧院、跑马场、回力球场、舞厅、游乐场等新兴娱乐休闲场所十分丰富，特别是英、法、日三国租界文化娱乐活动非常繁荣，对近代天津的文化繁荣和发展起了很重要的推动作用。位于法租界的"劝业场一带开业的影剧院、饭馆、舞厅近 60 户，竟是

105

这样的集中，当时在全国其他大城市也是少见的"。劝业场一带娱乐呈现出形式多样、中西兼容，但各行其乐；文化消费趋于大众化，文化消费圈子化的特点呈现在世人面前。近代天津租界娱乐文化的功能实现了向消费者自身情感愉悦的转变，是娱乐文化向现代转型的重要标志。

6.1　西方传入的新兴娱乐形式

6.1.1　电影

电影是西方工业革命的产物，是在工业技术基础上的一种新兴的文化娱乐形式。电影业在中国的传播给近代中国的文化带来了新的成分，使中国民众在固有的文化传统之外享受了从未有过的文化体验。一方面使中国人直接看到了西方文明的存在形式，促使人们开眼看世界；一方面也促进了人们的思想观念的开化。

近代以来传入中国的文化娱乐方式很多，但电影是最受普通大众欢迎的一种文化消费，这种新兴的娱乐形式已成为人们不可缺少的文化娱乐活动。一篇发表在 1924 年第 3 期《电影杂志》上署名为苦生的文章记录了 1924 年前后天津电影业的繁荣景象："……独于电影园，则特别发达。且其建筑设备，均较旧式戏馆为完备。凡中外有名片子，无不来津；且有一片兼演数家，或开演多次者。而各戏园无不市利三倍。可知津人士已移其向所欢迎旧戏之心理，而欢迎电影焉。"电影是西方传入中国的各种艺术门类中，最为社会大众所接受的一种。

近代天津最早放映电影是从租界开始的，以后才逐步发展到租界以外。1896 年坐落于法租界的天丰舞台第一次放映了电影，由法国百代公司主办放映。当时还是只有画面的无声电影，影片多是十分钟左右的风光片或者滑稽剧。没有银幕，只是用石灰抹在墙上以做银幕；放映机则是手摇的。因而，时人把欣赏电影称作"外洋灯影"。起初，看电影是免费的，大多数情况下是在戏院、茶园的演出中穿插放映。

1905 年，美国第一家专业影院"镍币影院"在匹兹堡开张，第二年就迅速发展到了 1000 多家，1906 年 12 月法租界的权仙茶园开始了放映电影，经营者是法商百代公司电影机械部负责人周紫云。放映的影片基本是美国平安电影公司制作，影片每三天换一次。因连续上映美国电影，不久就改名为"权仙电戏园"，此后一直以上映电影为主，成为最早的专门电影院。可以说权仙电戏园与世界电影院的起步几乎为同步。1906 年 3 月 8 日，天津青年会在该茶园放映电影时，不仅规定了收费标准，而且还专门设立了售票处。1907 年天仙茶园被改造，正式开始放映电影。当时都是无声电影，而且有的片子连片名也没有，影片基本没有什么情节，即使有情节也并不连贯，大部分是风光片和滑稽短片。放映的影片也不是完全独立的，有时会在放映过程中穿插一些外国的歌舞表演。一个 21 世纪初在天津开过影院的英国人，回国后在当地报纸撰文介绍中国电影院这种独特的经营方式。文章描写他像中国跑码头的艺人一样，站在放映场外叫喊着招徕观众入内观看。放到精彩之处，再停下来收钱，收完钱后再关上灯继续放映。观众也是坐在桌前边喝茶、吃瓜果边看。每到换本开灯时，卖东西的小贩、扔手巾把儿的跑堂川流不息。影片放映常常与戏曲、说唱以及文明戏演出穿插在一起。这种茶楼戏园式的放映方式延续了相当长的时间。直到第一次世界大战后美国的多集长片越来越多地传入中国，专业影院才逐步取代了这种茶楼戏园式的放映方式。

之后电影院还增加了些乐师在银幕前为电影配乐以提升电影放映效果，显得热热闹闹，但不讲究音乐与影片内容的契合性。

20 世纪 20 年代以后天津租界的电影院逐渐多了起来。1922 年在法租界建立的"光明社"（曾叫光明大戏院）电影院是一个规模较大的影院，还有日租界"新明"和"皇宫"等影院最为兴旺。1927 年前后，"皇宫"和"平安"两家仍是当时设施最好的影院。

天津租界的电影院集中在英、法、日三国租界里。这些影院中建筑外表富丽堂皇，内部设施舒适考究的当属英租界的几个电影院，"当时要看头轮的英、美影片，就要去英租界的蛱蝶（后改称大光明）、光陆、平安等电影院；看二轮片和中国影片要到法租界的光明和明星电影院"。1922 年在英租界重建的新平安电影院，以及建于 1916 年的光陆电影院、建于 1919 年的光明社电影院、建于 1923 年的蛱蝶电影院，这四家电影院拥有大量的观众，是 20 世纪二三十年代天津租界电影放映业的支柱，这几家电影院也使电影艺术成了大众文化生活中的重要组成部分。《大公报》在 1929 年 12 月 31 日的报道中写道，以 1929 年为例，在全年放映的 82 部影片中，有派拉蒙 24 部、福克斯 10 部、华纳 5 部、百代 3 部、环球 2 部等。当时《姊妹花》连映 90 多天满座，《渔光曲》连映 100 多天满座，电影院每年放映外国影片上百部，最多时近 300 部。

1930 年元旦，平安电影院（图 6-1）在全市首次上映了有声片《歌舞升平》，成为轰动一时的新闻。

图 6-1 平安电影院

但是，"有声片引起的轰动只是一时的。30 年代初，因早期有声片多是美国歌舞片，对广大华人观众来说很难有持久的吸引力"。平安电影院的经营者为了使电影卖座，在放映第一次世界大战纪录片时，还从美国军营借了一辆铁甲车摆在电影院门口做实物广告，以吸引观众。在电影艺术传入天津相当长的时间里，美国影片几乎垄断了电影市场，好莱坞制片商在天津设立了 20 世纪福克斯、米高梅、哥伦比亚、雷电华、派拉蒙、华纳、联美、环球八大公司。美国电影所传播的西方价值观与生活方式，对中国青年影响很大。1937 年 7 月日本侵略军占领天津后，时局动荡，民心浮动，加之影片来源受限，电影业日渐萧条，有些电影院（大光明、光陆、光明、明星、新中央等）相继改演戏剧。

租界内的电影院几乎是与国外时间同步上映电影的，大多在英、法、德、日和俄租界，意、奥、比三国租界则没有电影院，具体见表 6-1。

租界电影院一览表　　　　　　表 6-1

租界	影院名称	坐落地点	建成时间	备注
英租界	平安电影院	1910 年位于法租界四号路，1909 年迁至杜总领事路，1919 年失火焚毁，1922 年在英租界小白楼重建	1906 年	英籍印度人巴厘（Bali）1927 年租给他人经营。1929 年，这里曾放映美国电影《歌舞升平》，为天津市第一家放映有声影片的影院
	蛱蝶电影院	朱家胡同	1929 年	今大光明影院，由英籍印度人塔拉第和天津人韦耀卿合办，是中国第一个签约美国米高梅公司的影院。1934 年改名为大光明影院
	真光电影院	伦敦路东端	1936 年	希腊人马莫腊斯兴建，中华人民共和国成立后改名为曙光影院。1940 年，首映《侠盗罗宾汉》打破天津最高票房纪录
	亚洲电影院	博罗斯路	1940 年	原黎元洪私宅的戏楼，黎元洪去世后卖给成泰东货栈后改为浴池，1940 年将浴池改建成电影院。1955 年改为儿童电影院，1976 年唐山大地震被震损，在原地重建，1994 年更名为小光明电影院
德租界	光陆影院	威廉街	1916 年	初名大华影院，美商易固洋行经理、美籍俄国人库拉也夫创办，1931 年更名为光陆电影院，1938 年遭遇火灾，次年原地重建，更名为光华影院。天津最早装电梯的影院
法租界	权仙电戏园	葛公使路与巴黎路交口	1906 年	周紫云创建
	光明社电影院	杜总领事路与福煦将军路交口	1919 年	英籍印度人巴厘创建。1927 年由罗明佑负责经营，改名为光明电影院。两年后又改名为光明大戏院

续表

租界	影院名称	坐落地点	建成时间	备注
法租界	明星大戏院	法租界 27 号路	1927 年	陈宜荪、陈理范创办，20 世纪 40 年代，该院放映西片使用了"译意风"
	新欣电影院	杜总领事路天祥商场四楼	1930 年	初名新欣舞台，1934 年改称小世界戏院，演山西梆子，30 年代末改为电影院
	天宫电影院	杜总领事路和福煦将军路交口（劝业场四楼）	1928 年 12 月 16 日	北方第一家设置在大型购物商场里的影院
	新中央电影院	樊主教路与福煦将军路交口	1898 年	初名天丰舞台，天津最早放映电影的游艺场，1931 年改为此名。曾更名为三炮台，1941 年改称新中央影戏院
日租界	新明电影院	旭街 178 号	1875 年	前身为天仙茶园，后改成下天仙茶园，1900 年失火，1903 年利津房产公司在原址重修修建。1917 年改名为天仙舞台，1919 年改名为大新舞台，1930 年开始放映电影，1937 年被侵华日军宪兵强占。抗战胜利后改名美琪电影院
	皇宫电影院	旭街东侧	1920 年	初名皇宫戏院，曾更名为励志社，1931 年后，改为皇宫电影院，放映旧电影
俄租界	天升电影院	万国桥附近	1920 年	初名欧伦比克影院。影院建筑为希腊古典建筑，影院内装饰豪华，坐席为弹簧软皮座椅。观众多为外国人。天升电影院曾在顶层开设屋顶花园跳舞场。1945 年歇业

注：租界内很多电影院也兼有剧院功能

6.1.2 游艺园

游艺园的发展借鉴了上海"天外天"的模式。租界里的游艺园前后出现了两个繁荣期，第一阶段是从 1917 年开始到 1925 年达到鼎盛，以大罗天为代表，大罗天、张园和陶园这三个露天游艺园最为有名；第二阶段是自 1926 年到 1931 年，以天祥市场、劝业场天外天、中原公司的七重天和春和大戏院的屋顶露天花园游艺园为代表，屋顶露天花园游艺场新鲜、热闹，成为人们夏季休闲娱乐的最佳选择。如图 6-2 所示，天祥市场游艺园做了大量的广告以吸引更多的游客。

租界里的游艺园，不同于租界以外的土戏台或撂地演出。游艺园的演出时间大多是在傍晚开始到第二天清晨才结束，而且是以花园作为演出场地，设施完善，布置新颖，由花园中的园艺花草、灯光布景相衬，显得格外热闹。再加上各种形式的表演，吸引了大批的游客。游艺园演出的节目种类很多，既有京剧、曲艺、杂耍和魔术，也有外国电影，热闹非凡。20 世纪 20 年代中期，大罗天、陶园和张园（也称露香园）最为有名，这三个游艺园并称为"津门三大夜花园"。这三个游艺场虽设在租界，但都向华人开放，人气很旺，生意兴隆。1928 年劝业场天外天建成以后，这三个游艺场受到冲击，日渐衰落，直至倒闭。之后法租界的劝业场、天祥市场和日租界的中原公司先后开办了露天的屋顶花园，成为新的夏季娱乐中心。

大罗天是近代天津第一座花园式游艺场，建于 1917 年，园内开设各种游艺场，吸引很多游人，非常有名。大罗天的园林建筑非常独特，入口处有一座陶瓷烧制的"刘海戏金蟾"图案的影壁，影壁后面有假山活水和"天女散花"台，造型新颖，山上还有一个亭子，亭名"睡巢"。山后是栖佛阁，内陈制作精细的陶瓷"八仙"，神态逼真。"园内有两戏院：一处演京剧、广东剧，一处演文明戏、曲艺。京剧院曾多次邀请梅兰芳、杨小楼演出，程砚秋初次到天津，亦在此公演。此外，还有露天电影场、游艺场、台球场、地球场等。为吸引游人，有时放映露天电影后，加放焰火，热闹非凡，盛极一时。特别是夏令之夜，'通宵达旦，车马震道'。"1925 年大罗天杂耍剧院停业，1927 年夏季游艺场停办。

陶园同样是一个非常吸引人的游艺场，每到夏天，陶园不仅布置得热闹、新奇，而且当时有名的各戏曲名角都被请来表演，也上演文明戏、放映最新的电影等，而且还设有秋千、弹子（台球）房、运动场，以及打

图 6-2 天祥市场游艺园广告

气枪、套鸭子、转罗盘等各种游戏。陶园的门票票价比其他游艺场低，但新鲜、热闹。陶园还有独具特色的中西点心、洋酒、冷饮等餐饮供游人品尝。为了招揽游客，"每天午夜燃放一次武清县王庆坨制造的盒子灯烟火，用成套烟火重现火烧望海楼等历史故事，很有吸引力"。

中原公司是由著名的上海先施百货公司的林寿田以及黄文谦和林子垣合资兴建，坐落在日租界旭街和福岛街交口。1928 年元旦开业后便将中原公司的大半空间开辟为娱乐场所，起名为"妙舞台"，四楼是演出京剧的剧场，五楼主要演出评剧和杂耍，六楼是游艺场，而楼顶则开办了屋顶露天花园，又叫七重天，是租界里开办最早的屋顶花园游艺场。中原屋顶游艺场主要娱乐项目有大鼓、戏法、京剧、电影、口技等，夏天还放映露天电影，游客花上一毛五分钱，从四楼到屋顶花园随便观赏，时间上也不做限制，可以从下午两点游玩到午夜十二点。由于演出场所和剧种颇多，妙舞台开业后影响很大，经营情况极佳。之后的春和戏院、天祥市场和劝业场也效仿这种形式，相继开放了游艺场。

劝业场上的屋顶花园游艺场，又称天外天屋顶游艺场，是由劝业场六楼的屋顶和七楼的平台装饰而成，有露天电影院、杂耍园子，是劝业场"八大天"中面积最大的一个。每逢夏季，这里便向游人开放，成为人们纳凉消暑的好去处。在天外天的游艺场除了纳凉还可以看到天津城市的夜景，同时，在这里可以欣赏到京戏、评戏、曲艺、杂耍、露天电影的演出。场内还兼供售中西餐和各种冷热饮。游人到此既可以愉悦心情又可以享受美食，同时还可以顺便购物，可谓一举多得。天外天成为人们纳凉、消闲、娱乐、餐饮和购物的胜地。

租界的游艺场除上述介绍的以外，还有张园、神仙世界、春和大戏院等，详见表 6-2。其中张园的名气最大。

游艺园一览表 表 6-2

游艺园形式	园名	地点	时间	备注
露天	大罗天	日租界宫岛街和明石街交口	1917 年	1925 年改为古玩市场
	陶园	原德租界马场道	1918 年	—

续表

游艺园形式	园名	地点	时间	备注
露天	张园	日租界宫岛街和明石街交口	1920 年	建于 1915 年，原名露香园，房主张彪将园子租给一名广东商人经营游艺园，后收回盖房居住
	神仙世界	日租界芙蓉街和松岛街	1927 年	开业一年即停业
屋顶花园	天祥市场	梨栈道	1924 年	郝玉林、李魁元、张浙洲三人合资
	劝业天外天	杜总领事路和福煦将军路交口（劝业场楼上）	1928 年	—
	中原百货七重天	日租界旭街	1928 年	天津最高位置的屋顶花园
室内	春和大戏院	法租界福煦将军路福厚里	1927 年	华中股份有限公司经理高春和投资建造，系当时天津最大戏院

6.1.3　赛马

　　赛马是一种兼具体育赛事和赌博成分的娱乐活动，在英租界流行时间最长，而且影响最大。从 1901 年到 1945 年，近代天津出现过七个赛马会，其中五个设在租界或者租界边缘，见表 6-3。

租界赛马会一览表　　　　　　　　表 6-3

名称	时间	地点	备注
海光寺赛马场会	1863 年 5 月	海光寺至西开教堂	跑道 1.25 英里
梁家园河坝赛马会	1872 年	紫竹林以南梁家园村。河坝道、海大道一带	作为海光寺的备用马场，一年后废弃
老美国兵营赛马会	1877 年	老美国兵营，现烟台岛与大沽路交口	比标准跑道 1.25 英里少几码
佟楼赛马会	1886 年	佟楼以南养牲园	只限外侨参加
天津英商赛马会	1901 年开始修建，1925 年全部建成	马场道	系东亚最标准赛马场

表中五个赛马会中，最早、也是最大的赛马会应是由侨居天津的英国人组织的天津英商赛马会，建会之初没有华人加入，1927 年以后才有了华人董事参与赛马会活动。

赛马会最早由英侨创建，始于英租界。据史料记载，天津最早的赛马会创办于开埠不久的 1863 年，赛马地点在城郊的海光寺以南、墙子河外一带。以后又改在英租界沿河坝道、海大道一带绕环竞赛。1876 年在美国兵营附近又开辟了一个临时赛马场。

天津海关税务司英国人德璀琳是赛马会的组织人。1886 年他通过直隶总督李鸿章获得了坐落在佟楼以南的"养牲园"大片土地的使用权，又在"养牲园"附近强占了大约 200 亩的土地，筹建一处新的赛马场。此赛马场建成不久，随即爆发了义和团运动，该赛马场的看台被义和团民放火烧了。

1900 年（清光绪二十六年）八国联军侵占天津，联军的炮厂有个名叫斯坦耐特的英国机械师，在英租界海大道张五坟空地附近用席棚搭了一个简陋的赛马场。此时仅限外侨参与，华人一概不准入内。但由于外侨的引诱，中国人暗中买票赌博者众多，促使这个简陋的赛马场业务繁盛，收入颇丰。斯坦耐特在赛马场积累了一定的资金后，就想扩建赛马场。他找到英商平和洋行总经理英国人豪伍兹、仁记洋行总经理狄根森等商议开办大规模的赛马会事宜。

1901 年，以德璀琳花园为中心，英商天津赛马场开始修建。此时，直隶总督李鸿章将毗连英租界的马场道以西大约 100 亩的土地赠予英商，作为扩建赛马场之用，并对原有道路进行翻修命名为马场道。1913 年 8 月新的赛马场竣工，成为中国最为标准的赛马场。"天津英商赛马会"正式成立。

天津英商赛马会建立的同时还成立了董事会。董事会成员除发起人斯坦耐特、豪伍兹、狄根森外，还有英商瑞龙洋行总经理、美古绅洋行总经理以及英国人戴维斯等七人。聘请英国领事为名誉董事长。董事下设秘书长一人，由豪伍兹兼任。赛马会成立后还需承担天津英国球房的开销，故采用了收费的会员制方式，以收缴的马会会员会费来支付球房的开销。马会会员每月缴纳 25 元会费，发给证章，他们除享受马会的优惠之外，也还可享受自由出入球房的优惠待遇。

　　1927年，九江和汉口的英租界先后被中国政府收回，此事震惊了在津的英商。为缓和中国人民的反帝情绪，英商天津赛马会遂增聘了部分华人担任董事，有美商胜家公司买办庄乐峰、太古洋行买办郑正扬、怡和洋行买办梁惠吾、天津特一区主任卢录及黄宗法、杨豹灵、陈祝龄等华人，但马会的实权仍被英商操控。1933年豪伍兹病故，其子小豪伍兹接任了董事和秘书长职务。斯坦耐特辞职，改由其子小斯坦耐特继任。英商赛马会中子承父业，继续由英国人把持着马会职权。

　　英商赛马会规定马主人、骑马师均须为英籍，赛马会的诸项事务包括马匹、马师、马票、马书、付彩、赛场管理等均由英国人把控。英国马会成立之初禁止华人进入，在华商赛马会成立以后，才向华人开放入场门票、观看赛马和购马票。每次马会开赛之前，有关出售马票、付彩、核算、食堂及承印马票、马书等均由英商平和、瑞隆、保禄等洋行包办后，再转包给华人买办具体承办。

　　赛马场是由1.5英里椭圆形跑道、三座钢筋水泥看台构成，如图6-3所示。根据位置不同分为三等：第一看台位置最佳，此处离赛马决胜点输赢杆最近，是专为来宾而设；第二看台为特别看台，地势较优，需购票入场，票价三元；第三看台是普通看台，一元入场券。各场入口均有印度巡捕站岗验券，管理十分严格。

115

图6-3　赛马场道上的跑马场

每到赛季，天津的各大报纸便开始刊登各种比赛消息、比赛广告，赛马成为一个大的社会娱乐热点。

6.1.4 回力球、桌球和保龄球

1. 回力球

坐落于意租界的马可波罗路的回力球场，兴建于 1933 年至 1934 年间，曾是近代天津最大的游乐场，也是华北地区最大的室内游乐场，内设赛场、餐厅、休息室等，由意大利商人富马加利创办。1935 年至 1941 年之间为鼎盛期，1941 年后日渐衰落，1942 年开始由瑞士人李亚博经营，改名为海莱运动场。1945 年抗日战争胜利后，被国民政府禁止经营，1947 年停业。

球场大楼由意大利建筑师鲍乃弟设计，孟特劳克工程公司施工。主体为四层和五层叠错，有半地下室。建筑面积 6429m^2，是当时独具特色的新型建筑，内外装修新颖豪华。球场以赛场和看台为主体部分，还设有舞厅和茶厅。赛场是一个长方形场地，三面是弹力的击球墙面，看台的一面用铜网隔开。

2. 台球和保龄球

14~15 世纪由欧洲人发明的台球运动 20 世纪传入了中国后，在中国的一些大城市青年人中开始流行。1928 年坐落在法租界的天津劝业场落成，四楼到七楼开设了八个娱乐场所，人们习惯称为"八大天"，成为天津著名的娱乐消费场所，其中"天纬台球社"（图 6-4），是台球场所；而"天纬地球社"则为保龄球场所，这两个新兴的集娱乐与运动为一体的球类场所一经开办，便成了广大追求时尚之人趋之若鹜之所。台球和保龄球迎合了青年人的喜好，使人们的娱乐方式从感官到锻炼身心方向转变，引领了近代室内体育运动的发展。

图 6-4　劝业场天纬台球社

6.1.5 俱乐部、社团

1860 年至 1945 年间，英、法、美、德、意、俄、日、奥、比等国侨民大量涌入天津，各国当局在租界内建有俱乐部以丰富侨民生活。各种外侨俱乐部此时纷纷成立，见表 6-4。

租界俱乐部一览表　　　　　　　　表 6-4

名称	创建时间	地点	备注
英国俱乐部	19 世纪 60 年代	英租界	19 世纪 90 年代解散
奥匈帝国俱乐部	1902 年	庆安里 23 号	—
英国球房	1905 年	英租界维多利亚道	—
德国总会	1907 年	德租界威廉街	又名康科迪亚俱乐部，初建于 1895 年，又名德国球房、德国总会、德国会馆
法国球房	1911 年	法租界大法国路	又名法国俱乐部，初建于 19 世纪 90 年代
同文俱乐部	1914 年	日租界同庆里	为当时天津社会中下层的赌博娱乐场所
日本俱乐部	1916 年	日租界荣街	初建于 1901 年，地点在日租界闸口街
美国海军俱乐部	1924 年	英租界维多利亚道	是美国驻军的娱乐场所
英国乡谊俱乐部	1925 年	马场道 188 号	—
犹太俱乐部	1937 年	英租界董事道	初建于 1928 年

1. 英国乡谊俱乐部

建于 1925 年，由英商赛马会出资，占地面积 $21600m^2$，坐落在马场道 188 号，建筑面积 $9525.83m^2$，是一座砖木结构、颇具英国田园情调的建筑。该会采用会员制，只限于会员及其家属入内。申请入会的人"名单均需张榜公布，经多数会员同意后才能批准"。建立初期只允许外国人入会，不接纳华人会员，即使是高等华人也不例外。据说只有溥仪以逊帝的身份获得过名誉会员的称号。英国乡谊俱乐部的设施非常丰富，内设具有各种健身器械的健身房、台球室、保龄球房、羽毛球室，还有细木弹簧地板的舞厅等多个体育游乐场所，而且还有当时在华北地区唯一的室内游泳池，室外还建有高尔夫球场和网球场，南部的湖春、夏、秋三季可以划船，冬季可溜冰。这里还设有图书馆，以及提供纯正西餐的西餐厅，如图 6-5 所示。

图 6-5 英国乡谊俱乐部

2. 妇女俱乐部

这个俱乐部是外侨妇女的社交活动组织，在租界里影响很大，不同于其他俱乐部的是，在搞一些娱乐活动的同时也做公益和慈善事业。1923 年春天，该俱乐部是在社会服务俱乐部、母亲会和音乐研习俱乐部三个小型妇女俱乐部的基础上组建而成，1923 年秋天成立的文学会也加入其中，主席是刘海澜夫人。"俱乐部成员的国际性使得它成为世界上的一个最独特的妇女俱乐部，成员中包括来自 13 个国家的妇女，大家一起工作形成一个协调而忠诚的团体，成为天津争取公众利益的一支重要的力量。"妇女俱乐部举行大型会议利用共济会会堂。俱乐部除每月开五次例会外，还为其成员每周提供增进交往、提高文化修养的机会，俱乐部成员还按兴趣组成小群体每周开展活动，主要内容为"中文会话、法语会话、戏剧、体操以及研习圣经等"。除此之外，妇女俱乐部还做了很多慈善事业，如"资助中国女校、在天津贫民区开办中国妇婴诊所、为贫穷的白人儿童举办新年活动等。俱乐部还曾任命了一个委员会与妇女慈善会一起开办粥厂，并派代表参加中国华洋义赈救灾总会天津分会"。家庭与儿童部在其日常的活动中，还承担起"包括审查儿童日场电影，管理天津英国中学的糖果店，管理和改善义路金花园等，而且还与北京母亲会合作，建立了北戴河出借图书馆并组织了许多有益于外侨的夏季活动"。俱乐部每年还通过组织几次娱乐演出募集慈善基金，"赚取的一大笔款项，数目已接近俱乐部的开办基金和捐款了"。

3. 文学辩论社

文学辩论社（Literary and Debating Society）是外国人成立的社团。宓吉是文学辩论社的第一任社长，他用了七年的时间才使其步入正轨。在刘海岩先生的《近代外国人记述的天津》一书中这样记录了这个社团的活动："文学辩论社有时也被称为'气囊'（Gas bag），但是它发挥了双重影响，它教会了我们在参加租界公开辩论时要讲究礼仪和端庄得体，还有在公众集会时要保持正确的行为举止，这两者对于我们来说很不幸都是极力追求的。文学辩论社还使传教士与社中的普通教徒友好地聚在一起。我很欣慰地告诉你们，天津的'教徒'与'牧师'之间从未发生过曾使中国沿海其他一些地方蒙受耻辱的剧烈对抗。"文学辩论社通过社团活动，在调节外国人与中国人融洽交往方面起了一定的辅助作用。

6.1.6　舞会

19 世纪 20 年代初，一种新的舞蹈形式传入中国，这种舞蹈是在音乐的伴奏下和着节拍，男女共舞来进行。在娱乐健身的同时也成为一种流行的时髦社交方式。此种舞蹈进入中国后便成为社会瞩目的既时髦、又被非议的新兴娱乐形式。

最早开办舞会的是开风气之先的上海，随后，天津也进入了中国最早开办交谊舞的城市之列。上海、天津两座城市开埠时间长，对外来的新鲜事物容易接受，许多富贾官绅开始追赶时髦学习跳舞。

外国人和一些社会名流、达官显贵是最早的舞客，代表人物是东北军少帅张学良，他经常去舞厅，风流倜傥备受欢迎。上流社会赶时髦也使在天津的外国人中产生了一个新的职业，因为他们精通交谊舞的技法和礼仪，以此来专门教授交谊舞。最有名的是英国人蒂莱斯父女，还有俄国人布洛托夫，以及日本人也专门教授中国人跳舞。国泰影院的后面还有一家中国人开办的专门教授跳舞的学校，后来天升舞场的老板也开办舞蹈学校，他们开办的舞蹈学校为舞厅输送了大量的舞客。渐渐地也使普通大众有机会接触和学习交谊舞，交谊舞普及到民间。

交谊舞的流行，首先改变了传统娱乐的主客体关系，将民众由观众，或称作欣赏者、消费者发展为参与者，跳舞者自己是欣赏者、消费者，同时兼作表演者。其次，交谊舞的流行改变了国人的服饰习惯。交谊舞是西方人的一种舞蹈方式，所以在舞会上也要求舞者必须按西人的方式穿衣才可入内。因此，男人穿西装、打领带，女士穿西式长裙成为社会的流行趋势，在装束方面引领了社会时尚的发展。舞厅既是交谊舞者施展舞技的场所，也是健身和社交的场所。交谊舞的出现增加了近代普罗大众新的生活方式，丰富了城市民众的夜生活。

露天舞会也是一个流行的娱乐方式。交谊舞流行之初还未专设舞场，舞会大都在一些饭店、餐厅开办，天津市的6月中旬到10月底夏秋季节气温较高，人们在室内跳舞感觉闷热，有些舞场老板便想出了在屋顶花园上开办露天舞会的法子。第一个开办露天舞会的是西湖饭店，舞会一经开办就受到众多舞迷的欢迎。1927年5月，大华饭店落成后不久屋顶花园也即开幕，其举办的舞会便成为天津最为有名的露天屋顶花园舞会。大华饭店屋顶花园用水泥砌成平台，并用绿色的篱笆将舞场围上，篱笆上还装饰各色的灯泡，舞场还设一个类似凯旋门的大穿衣镜，夏夜里凉风习习，琼楼玉宇伴着优美的音乐，使人们犹如置身仙境一般，见图6-6、图6-7。大华屋顶花园因设备完善，成为当时最为有名的露天舞会，盛极一时。

此外，中原公司七楼、劝业场六楼屋顶和七楼平台、天祥市场四楼都曾开办过屋顶花园。这几处屋顶花园中不仅开办舞场，还演出评戏、杂耍、魔术、电影等，属于综合性游艺场。其中天祥市场最为热闹，舞厅一时成了时尚之地，以英、法、日、意租界最为集中，见表6-5。

图6-6　大华饭店舞会广告　图6-7　大华饭店露天舞会

租界舞厅一览表　　　　　　　表 6-5

舞厅名称	经理	地点	备注
凤凰舞厅	王耀祖	日租界中原公司五楼	—
仙乐舞厅	马建业、奚绍昌	日租界中原公司三楼	—
永安舞厅	王先庆	英租界林森路永安饭店内	—
惠中舞厅	刘宗洪	法租界惠中饭店楼下	曾办屋顶花园舞会
皇宫舞厅	李梓芳、蒋碧峰	法租界国民饭店	—
联合舞（餐）厅	王介轩、萧少堂	英租界狄更生道 2 号	—
洞天舞（餐）厅	吴辅庭	法租界窦总领事路	—
胜利舞（餐）厅	王锡俊、薛云笙	法租界劝业场楼下	—
哥伦比亚舞（餐）厅	杜正义	法租界杜鲁门路 169 号	—
百乐门舞场	孟广福、刘士彬	法租界 26 号路	—
美星总会	卡司拜克	法租界圣路易路 11 号	—
海莱家庭舞场号	李亚溥	意租界马可波罗路 45 号	—
欧林匹克巴利士	苗利尔	英租界狄更生道 7 号	—
夏威夷舞厅	米古尔阿地亚	法租界海大道 42 号	—
丽都舞厅	古列为地、金福禄	英租界马场道小营门桥 120 号	—
孔雀舞餐厅	杨洪泉	法租界罗斯福路 68 号	—
色维斯舞厅	陈阿凤	英租界狄更生道 99 号	—

续表

舞厅名称	经理	地点	备注
大维舞厅	斯台列沃	英租界狄更生道 107 号	—
好莱坞舞场	爱司特	英租界狄更生道 10 号	—
拾号饭店	孙伯苓	英租界开滦胡同 51 号	—
希望舞厅	李家树	日租界曙街	—
苏里舞厅	姚奉然	日租界旭街	—
仙宫舞厅	刘品琪	日租界蓬莱街	—
美丽总会	陈德孚	英租界 26 号路	—
巧佳餐厅	司马克	法租界 26 号路	—

6.2 中国戏曲的发展繁荣

6.2.1 戏曲演出

天津开埠前，戏曲演出通常是在兼有看戏、品茗双重功能的"茶园"进行。开埠后，戏曲演出的剧场、舞台形式都有所改变，如日租界建成的下天仙戏院、奥租界建成的东天仙戏院，舞台都改为镜框式的宽敞舞台，谭鑫培、杨小楼等很多著名的京剧演员来津演出，均首选这两处剧场。20 世纪 20 年代以后，天津城市的商业中心逐渐转移到法租界梨栈道、天增里一带，许多商人抓住商机开始在法租界投资建造剧场。这一时期，分别于 1926 年建成春和戏院，1931 年建成北洋戏院、新中央戏院以及劝业场内的天华景戏院、天乐戏院等，还有天祥市场内的大观园、泰康商场内的小梨园等，以及于 1936 年建成中国大戏院。这些新建戏院争先邀请京、沪著名京剧演员轮番演出，受到广大戏迷的欢迎，演出场面十分火爆，故在当时的中国梨园界素有"北京坐科，天津唱红"之说。此外，评剧、曲艺、话剧的演出也非常活跃，许多演员由于演出受到欢迎而一举成名。因此，在 20 世纪 30 年代天津形成戏曲演出前所未有的鼎盛局面，文化娱乐消费达到高峰。

西方文化娱乐形式在中国发展起来，其得到普通大众的认同并亲身体验的同时，也没有影响中国本土文化形式的发展和兴旺。近代天津租界文化活动呈现出中西同存、共同发展的景象，而且社会各阶层都有可以选择的娱乐文化形式。在中国诸戏剧剧种中，天津占了两个重要剧种，一是京剧，天津地区为重要的票房来源地；一是评剧。

6.2.2 戏曲

1. 京剧

京剧的繁荣在天津可以说是众所周知的事情。因其产生于北京，所以叫京剧。京剧的繁荣一是由于不同流派的表演艺术家创造的独特的艺术成就使然，一是在北京得到了清朝皇室的支持，使得京剧走红。皇室的带动使社会各阶层普遍关注京剧，艺人的待遇也因此而提高，带动了京剧从皇室走向民间，成为普通民众的重要娱乐活动。由于京津两地的路途较近，京剧很快地就传到天津。京剧在天津引起了人们的兴趣，票友众多。特别是到了 20 世纪二三十年代，京剧则在天津发展到了鼎盛时期，不仅表演艺术日臻精湛，许多新式的剧场、舞台也纷纷被建设起来，包括灯光，音响设备等也得到了提升，为演员展示艺术水平提供了良好的场地，也为戏剧爱好者提供了欣赏京剧艺术的良好场所。

中国大戏院的建立，是天津戏剧业最为人所称道的一件事情。无论在演出场地方面还是剧院的管理上都有所创新，开始走向了现代化。

1931 年著名京剧表演艺术家周信芳到天津北洋大戏院演出，深感剧场设备落后，空间狭小，非常影响演出效果。周信芳遂将此想法告诉了前来看望他的惠中饭店老板孟少臣，建议由孟少臣出面在天津建设一座现代化的剧场，并表示愿出资与孟少臣合资。于是孟少臣出资 800 元将著名外交官顾维钧在法租界天增里旁边的一块空地租用，开始筹建新的大戏院，同时聘请了法国工程师荣利进行设计，1936 年中国大戏院竣工。

中国大戏院共五层，占地面积 2700m²，设有座位 2200 个，楼下

123

分前中后排，二楼有 30 个包厢，三楼是散座，剧场中没有立柱，观众视线非常好，演员不用话筒声音也能灌满整个剧场。

京剧在天津的繁荣，主要原因有三。一是天津拥有大量的京剧爱好者，其表现就是拥有大量的票房和票友。民国初年，天津的票房多集中在老城厢和南市一带，到了 20 世纪二三十年代，城市娱乐中心逐渐移到法、日租界。"天津的票友人数之多、普及之广、实力之雄厚，在全国首屈一指。"票友众多，而且票友的队伍不断扩大，从北洋寓公到普通大众许多人都是京剧票友，不仅自己能表演而且欣赏水平极高，天津梨园流传"北京学戏，天津走红，上海赚包银"之意是，如果京剧演员如果在天津得到认可，那么在戏剧业就可以走红。票房也转向大众娱乐上，从富商家庭转到茶园、茶社，再发展到游艺场或者剧场。二是租界寓公举办堂会，曾风靡一时，从一个侧面客观上促进了京剧的繁荣。如前民国总统黎元洪的公馆、北洋军阀张勋的公馆、庆亲王载振的府邸、曹锟的花园和军阀李纯的祠堂等都建有颇具规模的戏楼和戏台，就是为了开私家堂会之用。举办堂会需要的演出时间、剧目和演员均由堂会主人来确定。堂会主人为表示自己的社会地位不同于普通人，通常是点当红演员来演出，使得名角荟聚一堂，堂会常常是通宵达旦。名角参加堂会的演出费高于在普通戏院演出的收入，所以他们也愿意到堂会演出。

著名的"稽古社"是天津劝业场主要投资人高星桥的儿子高渤海创办的，培养出了一批京剧表演人才。高渤海以劝业场天华景戏院为基地，聘请了著名编剧陈俊卿编写了 24 本的连台京剧剧本《孙悟空大闹天宫》，在该戏中突破了传统的戏剧舞台背景、伴奏和动作表演，融入了新的元素，将幻灯作为舞台背景、加入西洋乐器伴奏，同时在表演中加入了一些舞蹈动作，首演便取得了成功，深受京剧爱好者的欢迎。

2. 评剧

评剧最早被称为"莲花落"，产生于冀东滦县一带的农村。清末民初曾三次入津演出，因其剧情中有些色情成分，被当局以"有伤风化"为由明令禁止演出，前两次均被逐出津门。1915 年，成兆才第三次带班入津，在奥租界的宴乐茶园演出，受到天津观众的欢迎，因梅兰芳曾亲临观看并予以赞扬，而迅速走红。20 世纪 20 年代成兆才创作的剧本、取自生活中真实故事的评剧《杨三姐告状》上演，由于该剧情节曲折、戏剧冲突尖锐，塑造的主人公杨三姐敢于抗争、不畏强权的形象非常丰满而大受欢迎。"该剧于 1920 年由金开芳、月明珠等人首演于哈尔滨庆丰剧院，是成兆才最具代表性的剧目，开启评剧剧目中现代戏的先河。"之后，这个剧目带到天津演出，由于剧中情节均来自现实，剧中人物使用的都是真实人名和地点，对贪官污吏的道德败坏予以鞭笞，对社会下层的弱势群体报以同情的态度，深得天津观众的喜爱，盛况空前。评剧与京剧不同的是率真、不矫情，唱词浅显、唱腔率直、原嗓演唱，而且女角没有娇声嫩气、唱得悲悲切切，深受普通大众的喜爱。

20 世纪 20 年代后期，在天津有了专演评剧的剧场，1929 年"天乐剧场"开始专演评剧，新明大戏院也专演评剧，法租界的天天舞台和天福舞台都成了评剧表演的专门剧场。1932 年"山霞社"进入了位于法租界商业中心素来接待京剧名角的北洋戏院进行演出，足见评剧已被天津戏迷认可。"1937 年被上海誉为'电影明星、评剧皇后'的白玉霜归津后，亦曾在北洋戏院连演半年上座不衰，规模空前，轰动一时。"

6.2.3　曲艺

天津曾被称为北方曲艺的大码头。曲艺是植根于社会下层，形式多样并逐渐成长起来的一个艺术门类。曲艺演出是天津市民最普遍、最热衷的一种文化消遣方式，其发展极其迅速，形成了以法租界劝业场和以日租界中原公司为中心区的两个曲艺演出中心，到了 20 世纪 30 年代天津已具有了广泛的曲艺消费市场。天津曲艺界的繁荣，一方面是艺人推陈出新，一方面也是普通民众娱乐消费促使而成。曲艺的观众也由普通市民扩大到社会的各个阶层，除普通市民、商人，知识界，甚至租界内居住的社会名流之中也不乏喜欢曲艺艺术之人。曲艺的兴盛，此时达到与戏剧并驾齐驱的水平。

20 世纪 20 年代末，随着劝业场一带商业建筑群的落成，曲艺进入大商场内开设的剧院，这里成了专演曲艺的表演场所。1927 年，天祥商场内的"新世界"开业。1929 年，劝业场楼上专演曲艺的"天会轩"和泰康商场的"小梨园"相继开业演出曲艺。这三大曲艺场成为全市瞩目的曲艺表演中心。因同样位于劝业场一带且都分设曲艺演出剧场，故这三个曲艺场所形成了鼎足之势。

演出市场和曲艺的互动，是天津近代曲艺繁荣的重要因素。20 世纪二三十年代，在天津曲艺界演出的主要的曲种有京韵大鼓、西河大鼓、乐亭大鼓（京东大鼓）、梅花大鼓、奉天大鼓、评书、相声、快板、数来宝、天津时调、单弦、联珠快书、铁片大鼓、平谷调、梨花大鼓、三弦弹戏、莲花落、双簧、弦子书、滩黄、辽宁大鼓、卫子弟书（又称西城板）等，多达 20 余种。

以曲艺演出而出名的小梨园，位于泰康商场三楼，1927 年随商场建成后开业，初名歌舞楼，1934 年改名为小梨园。小梨园以曲艺演出为主，园内设小方形舞台，可容纳观众 400 人左右。"曲艺艺人口中的历史事件和人物，已非正统史书典籍中的模式，而是掺杂了大量的民间传说、逸闻、艺人的虚构乃至借题发挥、评古论今，内容更生活化、趣味化、世俗化"。演出主要曲种有京韵大鼓、梅花大鼓、乐亭大鼓、奉天大鼓、相声、太平歌词、评书、单弦、天津时调、河南坠子、单弦、拉戏等。演唱曲目内容多为根据《三国演义》《红楼梦》《聊斋》《水浒传》等历史名著改编的传统节目。小梨园也是当时当红曲艺演员的荟萃之地，曲艺名家刘宝全、白云鹏、林红玉、小彩舞、侯月秋、小岚云、荣剑臣、常树田、石慧如、谢瑞芝、雪艳花、张寿臣、马增芬、金万昌、赵佩茹、小蘑菇、陶湘如、马三立、张庆森、郭荣起、朱相臣、花四宝、花五宝、侯宝林、郭启儒、王佩臣、魏喜至、朱玺珍、鹿巧玲、董桂芝、姚俊英、乔清秀、陈士和、姜存瑞、常连安等经常在此登台。社会知名人士如著名将领吉鸿昌、教育家张伯苓、少帅张学良等常来小梨园欣赏曲艺。

还有一处是中原公司游艺部，于 1935 年 1 月 30 日开幕，1937 年"七七事变"后逐渐衰落，从开业到鼎盛再到衰落，也就经历了两年的时间。中原公司的三楼为曲艺演出场，主要演员"有铁片大鼓王佩臣，梅花大鼓花四宝，京韵大鼓联幼茹，靠山调赵小福，辽宁大鼓米玺珍，单弦雪艳花（司马静敏），石氏四香之'荡调'，联珠快书常旭之，莲花落于瑞凤、明清泉，口技沈君（沈观澜）、张君（张士诚），杂技王雨田、王葵英、王桂英，拆唱八角鼓郭荣山、韩永先，单弦拉戏王殿玉，相声常连安和小蘑菇，西洋魔术陈亚南和陈亚华等"，可谓名角荟萃。

租界里各类戏院茶楼星罗棋布，见表6-6，繁荣了租界的娱乐文化。

租界戏院茶楼一览表 表6-6

名称	开办时间	地点	权属	备注
东天仙舞台	光绪十六年（1890年）	奥租界大马路		奥租界划定前此戏院已建成。1930年左右重新修建，1932年改为东方大戏院
新中央戏院	1898年	樊主教路与福煦将军路交口	法国百代公司	初名天丰舞台，后更名为万国电影院，曾更名为"三炮台"。1931年由法工部局师爷合股经营，改名为新中央电影院，1940年演出话剧和评剧，改称新中央影戏院，1946年改称新中央影戏院
天福舞台		法租界绿牌电车道	外国人	曾作为评剧专演剧场
天天舞台	民国初年	法租界		曾作为评剧专演剧场
北洋戏院	1916年	法租界樊主教路和都总领事路交口	美国人马鬼子	
天升舞台	1926年	法租界天祥市场三楼		初名新世界，后改称小广寒，又名天升戏院
明星大戏院	1927年	法租界27号路	浙江人陈宜苏发起，为合资	1929年大北公司收购了一半股权，更名为明星影院
春和大戏院	1927年	法租界马家口福煦将军路福厚里	华中营业股份有限公司经理高春和	天津现代化的剧场开始出现
新声舞台	1927年	法租界泰康商场		杂耍场
神仙世界	1927年	日租界旭街		仅开业一年

续表

名称	开办时间	地点	权属	备注
新世界	1927 年	泰康商场三楼		1929 年改名为小广寒，以曲艺演出出名
小梨园	1927 年	泰康商场三楼		初名歌舞台，1934 年改名为小梨园。以演曲艺为主
大观园	1927 年	天祥市场内		以杂耍为主
神仙世界	1927 年	日租界旭街		开业一年即倒闭
天乐戏院	1928 年	劝业场六楼		是天津第一家专演评剧的戏院
天会轩	1928 年	劝业场五楼		以演出曲艺为主
皇后大戏院	1929 年	特一区（德租界）十号路		曾称皇后电影院，兼演戏剧、杂耍
中原公司游艺部	1935 年			1937 年"七七事变"后逐渐衰落
中国大戏院	1936 年	法租界天增里	孟少臣募集多方资金	是天津近代最优秀的戏院

128

6.3　近代天津租界娱乐文化繁荣

6.3.1　良好的物质环境促进了租界娱乐文化的发展

首先，租界里市政设施良好，道路平整、交通便利，人们出行方便。其次，娱乐场所建筑和设施都非常新颖、舒适，娱乐场所里服务周到，人们也愿意去租界体验。最后，现代科技带来的成果，发电、供电使电灯和舞台灯光在租界里使用，这也是租界里娱乐文化繁荣的重要因素。

6.3.2　西方娱乐方式的传入丰富和促进了租界娱乐文化的繁荣

租界里，从近代西方传入的很多文化娱乐项目是不同于传统中国的生活方式的。各种新鲜、好玩的娱乐休闲方式的出现成为最引人注目之处，如电影、舞会、音乐、话剧、广播、赛马、溜冰、打弹子等，也使中国人耳目一新。特别是电影成为大众娱乐文化中的一个热点，给社会底层特别是文化程度较低的中国民众带来了低成本而且具有视觉冲击效应的全新的、世界性的文化体验。

6.3.3　清末民初社会变局促进了租界娱乐文化的繁荣

首先，是经济上的变化，消费的基础是经济来源，近代的天津经济、文化教育兴盛，提高了民众的文化水平和文化消费的支出能力，客观上推动了娱乐文化的繁荣。其次，京津两地"尤其是来自北京的文化影响不容忽视"。"20 年代以后频繁往来于京津之间的官僚、军阀、遗老等是传播这种文化的影响的一个主要媒介。"对天津近代娱乐业的发展起着推动作用。再次，随着城市发展，中等收入的人群在不断扩大，成为娱乐文化消费的中坚力量。最后，不断融入城市的新移民对文化的需求的特点是经济实惠、通俗易懂、幽默有趣，也使得此时大众娱乐业不断创造新剧目、新形式以迎合大众口味。社会普通阶层人员虽然收入和消费能力较低，但人数众多，"来自华北地区尤其是河北省农村的大量移民，使内地乡村文化不断汇入城市，并逐渐演变为城市文化的组成部分"。

6.4　租界娱乐文化中西并存雅俗共赏

6.4.1　中西并存，雅俗共赏

民国成立后中国娱乐业曾一度兴旺，呈中西文化并存、雅俗共赏之态，中外人士、不同社会阶层、不同文化背景的人们均可有所选择。在租界里，外侨的娱乐休闲基本上还是沿袭其文化习惯，游园、听音乐会、看电影、打台球、滑冰等。此时期，华人传统的戏剧、曲艺、杂耍等传统项目在受到拥趸并得以发展的同时，西方的新兴的电影、公园、音乐会等娱乐文化形式也被中国大众所认同和接受，而且受到追捧。

6.4.2 社会各阶层均有所选择，共推文化繁荣

娱乐的时间和经费决定娱乐方式，因而租界的华人娱乐方式是多层次的。其中寓居天津租界的官僚、军阀、遗老以及买办和新兴的知识阶层等对城市文化的构成与特质有着很大的影响。他们也是推动城市文化繁荣的主要力量。有个特别值得注意的现象是，这些人对文化的投资大都是为了娱乐消闲、讲排场、捧名角，而对于教育和新闻传媒等文化活动却很少投入。"一般地说，工人很少有娱乐，农民的娱乐大多与节日、农闲相联系，富有者及其寄生虫的娱乐每天可达24小时，花费金钱则无从计算。"虽然社会各阶层在文化享受和文化消费上表现各不相同，但他们的文化消费对娱乐繁荣的贡献很大。

社会下层文化在城市文化中有显著的地位，普通民众是一支不可小觑的文化消费群体。与社会中上层人士相比，这群以产业工人和普通城市市民为主的文化消费者，虽然资金上不是很充裕，消费能力低，但是人员数量大，也形成了一个规模庞大的文化消费群体，他们的喜好和认同也对娱乐文化的发展起着重要的作用。这个群体对促进艺术价值观念向大众化的转变起了非常重要的作用。"中下社会中人，差不多都极端地欢迎"，此时繁荣和发展起来的评剧这个新剧种，就与社会大众的广泛欢迎和接受密切相关。

6.4.3 有利于文化发展的特殊氛围

评剧的发展和走红充分说明了文化氛围对文化发展的重要性。评剧初期叫"莲花落"，晚清政府视其为"鄙俚技艺"，因此在天津租界以外不能进入城厢地区进行演出，如果演出也只能"撂地"或者"跑蹦"。评剧在天津经历三进二出才得以生存和发展，离不开租界特殊的文化氛围。评剧第一次进津出演是"1901年，先后在奥租界东天仙、法租界的天福楼、日租界下天仙和胡家坡等茶园演出"，深受民众的欢迎，但被天津直隶总督杨子祥逐出津门。第二次进津是1908年，但恰逢光绪、慈禧去世，各种娱乐全部禁止，不能演出。虽在俄、意、奥租界可以演出，但再次被直隶总督逐出津门。第三次是

1915 年，月明珠担任主角，其表演十分精湛，再加上剧目新颖、情节曲折，通俗易懂，轰动天津城。在天津演出的京剧大师梅兰芳曾闻名前来奥租界的宴乐茶园看戏，"台上月明珠的《杜十娘》正演到杜十娘闻知李甲已将自己卖与孙富，意外的打击虽使她两眼发直、双手颤抖，但她并没有哭，反而冷笑了几声，接着是一大段高亢铿锵的唱腔，曲终台下爆发出经久不息的掌声"。梅兰芳看后，到后台表示祝贺，夸奖月明珠扮演的杜十娘冷笑表演得情真意切，入情入理，并向月明珠表示了祝贺。梅兰芳等人到宴乐茶园盛赞莲花落的消息在津城各家报纸的大幅报道，起到了助推的效果，使得评剧大放异彩。一些曾经鄙视过莲花落的社会中上层人士也开始成了莲花落的忠实观众，有的还长期包座。法租界的金华茶园、天福茶园也上演评剧。"评剧以其顽强的生命力深深地根植于天津观众的心中，并以其锐不可当之势迅速占据了全市大半个戏园子。""华界曾查禁评剧，但是对租界却没有办法。1912 年天津参事会曾致函警务公所，要求各租界领事一体禁止，当然也没有能将其禁止。"

租界相对开放的文化空间，为评剧的生存和发展提供了演出的环境和舞台，使评剧也逐渐形成了一个为大众所喜爱、具有较高艺术水准的新剧种；同时，租界多元的文化背景使评剧获得了同其他剧种互相交流和借鉴的机会，为其发展融入了新的元素，完成了从内容到形式的转变，从而使其更加接近都市民众的审美心理，为大众所接受。

参考文献

[1] 中国人民政治协商会议天津市委员会文史资料委员会. 天津文史资料选辑总第 75 辑：天津租界谈往 [M]. 天津：天津人民出版社，1997.

[2] 周俊旗. 民国天津社会史 [M]. 天津：天津社会科学院出版社，2004.

【3】天津市和平区地方志编修委员会. 和平区志（下册）[M]. 北京：中华书局，2004.

[4]（英）雷穆森. 天津租界史（插图本）[M]. 许逸凡，赵地，译. 天津：天津人民出版社，2009.

[5] 刘海岩，任吉东. 近代外国人记述的天津 [M]. 天津：天津人民出版社，2018.

[6] 罗澍伟. 近代天津城市史 [M]. 北京：中国社会科学出版社. 1993.

[7] 张静如，卞杏英. 国民政府统治时期中国社会之变迁 [M]. 北京：中国人民大学出版社，

1993.

[8] 尚克强，刘海岩. 天津租界社会研究 [M]. 天津：天津人民出版社，1996.

[9] 天津市档案馆，周利成，周雅男. 天津老戏园 [M]. 天津：天津人民出版社，2005.

[10] 杨大辛. 天津的九国租界 [M]. 天津：天津古籍出版社，2004.

[11] 边茗茗. 试析评剧《杨三姐告状》及其历史价值 [J]. 黄河之声，2018（5）：103.

[12] 任吉东. 近代天津城市文化中的租界元素研究 [J]. 南京社会科学，2013（6）：135-141.

[13] 盘剑. 国人对电影的选择和接受 [J]. 首都师范大学学报（社会科学版），2011（2）：93-99.

[14] 扶小兰. 近代城市文化娱乐生活方式与社会心理之变迁 [C] // 郭德宏，陈廷湘. 中国现代社会心理和社会思潮学术研讨会论文集. 北京：当代世界出版社，2005.

第七章　寓公文化

"中华民国"建立，推翻了清朝的封建集权，清朝的遗老遗少、皇亲贵族，以及之后北洋政府政治斗争失败的官僚、军阀便选择离开京城跑到了天津、上海和青岛等地的租界居住，在天津租界定居的人数最多。这些人居住在租界里，过着由之前搜刮的民脂民膏而带来的优渥生活，生活富裕，深居简出，自行其乐，被称为"寓公"。"寓公"是继买办之后，天津租界华人社会中又一个拥有巨财且具有相当影响力的社会群体。其特点是栖身租界，托庇于外国势力之下。

罗澍伟先生这样评价近代寓公："是近代中国特定历史条件下形成的特殊人物与阶层，作为一种社会现象，对天津政治上、经济上以及社会生活都产生了一定的影响。"寓公群体为近代天津造就了一个形形色色的社会横断面，其对清末民初的近代中国社会也有着巨大的影响。

7.1　寓公群体的构成

寓公到天津各租界寓居的时间段大约集中在民国初年的 1912 年至 1937 年抗战全面爆发，是因清末民初政治动荡而成的一个特殊社会群体。据天津市社科院研究员罗澍伟统计，这批人在民国初年寓居天津租界者不下 500 人。这在近代中国所有城市中是绝无仅有的，是中国近代史上一个独特的社会现象。

寓公群体的主要有两个来源。一是清朝的王公贵族和遗老遗少，见表 7-1。他们大多是在民国建立后的 1912 年至 1915 年之间陆续到天津租界寓居，1925 年逊帝溥仪也住进了日租界，另外，清室成员载涛、载抡、载沣等也先后到天津租界寓居。

清朝贵族寓公列表　　　　　表 7-1

姓名	生卒年	职务	寓居天津时间	备注
溥仪	1906～1967	逊帝	1925 年	—
奕劻（庆亲王）	1838～1917	清朝首任内阁总理大臣	1912 年	—
载沣（醇亲王）	1883～1951	宣统年间任监国摄政王	1928 年	—
载振（庆亲王长子）	1876～1947	清农工商部大臣、弼德院顾问大臣	1924 年	—
载抡（庆亲王第五子）	?～1950	加封"辅国公"爵位	1924 年	—
那桐	1856～1925	内阁协理大臣	1912 年	—
铁良	1863～1938	陆军部大臣、江宁将军	1912 年	—
荣庆	1859～1917	军机大臣	1912 年	—
张人骏	1846～1927	两广、两江总督	1914 年	诗文书法娱老
张鸣岐	1875～1945	两广总督	1915 年	—
张翼	1846～1913	工部右侍郎、开平矿务局督办、总办路矿大臣	1912 年	—
周馥	1837～1921	两江、闽浙总督	1914 年	—
蔡绍基	1859～1933	天津海关道台、北洋大学创始人之一	1915 年	—
张彪	1860～1927	湖北提督、陆军副都统	1912 年	—
张兰德（又名小德张）	1876～1957	清宫总管太监	1913 年	—

寓公群体另一个来源是北洋政府里由于各种原因而退出政治舞台的军阀、官僚、政客，其人数占寓公总数的 80% 以上。北洋政府前后五任总统，而其中徐世昌、黎元洪、曹锟三人在被迫下台之后，都选择天津寓居，见表 7-2。另外袁世凯和冯国璋与天津的联系也非常密切。

北洋总统寓公列表　　　　　表 7-2

姓名	生卒年	任职时间	寓居天津时间
黎元洪	1864～1928	1916 年 6 月 7 日～1917 年 7 月 1 日 1922 年 6 月 11 日～1923 年 6 月 13 日	1923 年
徐世昌	1855～1939	1918 年 10 月 10 日～1922 年 6 月 2 日	1922 年
曹锟	1862～1938	1923 年 10 月 10 日～1924 年 11 月 2 日	1927 年
冯国璋	1859～1919	1917 年 7 月 12 日～1918 年 10 月 10 日	

北洋政府总共 32 届内阁，其内阁总理中有 1/3 的人选择了天津寓居，见表 7-3。曾任内阁总理的段祺瑞、靳云鹏、唐绍仪、张绍曾、龚心湛、颜惠庆、熊希龄、朱启钤、高凌霨、潘复等均在天津寓居，顾维钧、梁士诒等虽未选择在天津久居，但在天津租界里均有其私人住所。

北洋时期内阁成员寓公列表　　　　　　表 7-3

姓名	生卒年	职务	寓居天津时间
段祺瑞	1865～1936	北洋政府临时执政、国务总理	1926～1931 年
靳云鹏	1877～1951	国务总理	1921 年
张绍曾	1879～1928	陆军总长兼内阁总理	1922 年
龚心湛	1871～1943	代理三个月内阁总理	1926 年
颜惠庆	1877～1950	外交总长代行国务总理职权	1926 年
熊希龄	1870～1937	国务总理	1916 年
朱启钤	1872～1964	交通总长代理国务总理	1927 年
高凌霨	1868～1940	摄行大总统	1924 年
潘复	1833～1936	内阁总理兼交通部总长	1928 年

北洋政府的内阁部长很多退出政治舞台后，也选择了寓居天津，见表 7-4。

北洋政府的内阁部长寓公列表　　　　　　表 7-4

姓名	生卒年	职务	寓居天津时间
刘冠雄	1861～1927	海军总长	1922 年
张弧	1875～1937	财政总长	1917 年
张志潭	1883～1946	交通总长	1921 年
张锡銮	1843～1922	奉天都督	1917 年
吴毓麟	1871～1944	交通总长	1924 年
徐世章	1889～1954	交通部次长、全国铁路督办、交通银行副总裁、中国国际运输局局长、币制局局长等	1922 年
田文烈	1853～1924	内务总长	1921 年
齐耀珊	1865～1946	农商总长	1922 年
孙多钰	1882～1951	交通部次长	1919 年
吴光新	1875～1939	陆军总长	1926 年
陆宗舆	1876～1941	币制局总裁	1919 年
曹汝霖	1877～1966	财政总长	1919 年
程克	1878～1936	内务总长	1924 年
梁敦彦	1857～1924	交通总长	1917 年
鲍贵卿	1867～1934	陆军总长	1925 年

各路军阀失意以后也纷纷选择了租界寓居，见表 7-5。

北洋军阀寓公列表   表 7-5

姓名	生卒年	职务	寓居天津时间
张勋	1854~1923	安徽督军	1918 年
李纯	1867~1920	江苏督军	1919 年
倪嗣冲	1868~1924	安徽督军	1920 年
王占元	1861~1934	两湖巡阅使	1921 年
陈光远	1873~1939	江西督军	1924 年
蔡成勋	1871~1946	江西督军	1924 年
齐燮元	1885~1946	苏皖赣三省巡阅使	1925 年
孙传芳	1885~1935	五省联军总司令	1931 年
陆洪涛	1866~1927	甘肃军务督办	1925 年
傅良佐	1873~1924	湖南督军	1922 年
陈嘉谟	1874~1950	湖北督军	1928 年
寇英杰	1886~1952	河南督军	1927 年
田中玉	1869~1935	山东督军	1923 年
孟恩远	1856~1933	吉林督军	1918 年
张作相	1881~1949	吉林省主席	1933 年
陈树藩	1885~1949	陕西护国军总司令兼省长	1921 年
王承斌	1874~1936	直隶督军	1924 年
王怀庆	1875~1953	北京卫戍总司令	1926 年

7.2　寓公的生活

袁世凯去世以后，北洋政府表面的稳定也不复存在。1917 年北京发生了张勋复辟，之后北洋的政局便更加动荡不安，各路军阀争权夺势频繁地进出于北京。此时，与北京近在咫尺的天津也成为各军阀大肆活动之地，变成了北京身后隐秘的政治舞台，而天津租界由于其特殊的政治和地理位置则成为政治舞台的中心，部分寓公成为政治舞台的主角。

寓公生活在天津租界有两种情况：一种情况是定居，在北洋各派系的争斗中被打败而又无法在其原势力范围待下去的地方权贵、政客，彻底失势，没有东山再起的希望了，因而就抱着定居和长期隐居的目的，携带家财来到天津租界定居，由此成了租界长久居民；另一种情况是暂居，成为天津租界的流动性居民，下台的北洋军阀、政要，因派系之争而暂时失势或因政权更迭而暂时性下台，他们不甘退出政治舞台，通过在各个派系之间周旋，企图东山再起，把租界当成了政治的"避难所"。他们在津时刻窥视京城时局的变化，伺机而动，企图重返政坛，这类选择在租界居住的人，便成了往来于京城和天津租界之间的临时性居民。寓公们选择天津租界的定居或者暂居并不是一成不变的，由于北洋时期你唱罢来我登场的政治时局，流动居民也会变成长久居民，长久居民也许会选择了重回北京或者移居它地，政局的变化是决定他们是否在租界久居的主要原因，寓公们是否长期定居于天津的唯一原因是其是否重新参与政治活动。

寓公群体中北洋各系军阀和官僚、政客占总数的 80% 以上，相对而言清朝遗老遗少便是少数了。总的来讲，这些人在租界的寓居生活过得富足优渥、形形色色。

7.2.1 虽退出政治舞台但仍影响近代中国

寓公们在政治上失利，表面上看似是远离政治享受轻松、愉快的寓公生活，实际上并未与政治完全隔离，他们寓居在租界里但与中国的政治局势密切相关。寓公虽然已经离开政治舞台，但还在影响近代租界的社会生活，而且继续影响着近代中国的政治、经济和文化。

梁启超（1873—1929），是中国近代史上一位具有重要影响的思想家、政治家、教育家、史学家、文学家。在梁启超的生命历程中，除了戊戌维新政变发生后在日本避难的 14 年，在国内居住时间较长的地方仅有两个，一个是其出生地广东，另一个便是天津。尤其是天津，于梁启超在政治和学术生涯上是具有重要意义的城市。

1912 年梁启超结束了在日本的流亡生活回国，1913 年将全家接回国。回国后梁启超积极从政，鉴于北京的政治气候便决定把家安在天津意租界。他先后于 1915 年和 1925 年修建了两栋楼房，称为旧楼和新楼。从 1915 年到 1929 年去世，梁启超晚年大部分时间都是在此度过的。这里曾发生了近代史上著名的"护国运动"的即策划、发源于此。梁启超不仅是袁世凯身边公开揭起公开反袁护国大旗的第一人，也是护国运动的主要策划者和组织者。

1915年，袁世凯准备称帝，梁启超愤怒之余撰写《异哉所谓国体问题者》一文对袁世凯意欲复辟帝制的行径予以痛斥，袁世凯听闻之后，则密派手下人送给梁启超二十万块钱以贿赂，条件是请其不要发表那篇文章。梁启超不但没有接受袁世凯的贿赂，而且提前将文章在上海《大中华》月刊发表，《申报》《时报》等大报迅速转载，在全国引起强烈反响。并且积极支持他的得意弟子蔡锷将军潜赴云南发动反对袁世凯称帝的武装起义，即中国近代史上著名的"护国运动"。袁世凯最终在全社会的一片声讨声中被迫取消了帝制。

历史车轮滚滚向前，一切落后的迂腐的事物总是要被淘汰，但就是有人不能把握历史发展的方向，不能顺应历史潮流而动，不甘放弃过往，末代皇帝溥仪是最为典型的一个。

溥仪（1906~1967），1912年2月12日逊位，1925年2月开始寓居天津，1932年做了伪满洲国的傀儡皇帝，寓居天津七年。寓居期间，他不甘退出政治舞台，联络外国势力，以及有势力的军阀、遗老，经常进行政治活动，以伺机复辟，重返皇位。

溥仪曾于1917年7月1日在张勋等拥戴下演出了为期12天的复位闹剧，其复位之心一直不死。1924年冯玉祥发动兵变后，溥仪被迫离开了紫禁城，于1925年2月23日来到天津日租界，先是住在"张园"（图7-1），后移至"静园"（图7-2）。

图7-1 张园

图7-2 静园

在津寓居期间溥仪一心想复辟，天天做着皇帝梦。他的这种心理，正好被日本侵略者所利用。1931 年 11 月 10 日，溥仪被日本特务土肥原贤二挟持，从海河登上装有炸药桶的"比治山丸"号日本汽艇，沿河到大沽口后改乘"淡路丸"号军舰去了大连。以后不久伪满洲国便在东三省出笼，在日本人的扶植下，溥仪登上了伪满洲国皇帝的宝座，做了日本人的傀儡。

还有其他的一些寓公，虽然没有参加复辟活动，但随着日军不断对中国侵略的局势的发展，经不住日本人的威逼利诱而丧失了民族气节，在日本占领天津后，公开做了汉奸。比如两广总督张鸣岐，北洋时期代国务总理高凌霨，财政总长张弧、王克敏，次长钮传善，内务总长王揖唐，江苏督军齐燮元，京师警察总监张璧，上海海关监督温世珍等人，进入了伪政权，晚节不保，沦为民族败类。

7.2.2　热衷经商，投资获利

黎元洪（1864～1928），"中华民国"第一任副总统，第二任大总统。1923 年辞去总统一职退出政坛后，至 1928 年去世一直在津寓居。1917 年黎元洪第一次任大总统下台后，就萌生过从事实业的想法，曾公开表示其对政治心灰意冷的情绪。他在津寓居期间，主要通过经营房屋土地的出租、从事金融业、投资实业、进行股票交易等来获利。一是从 1903 年黎元洪就开始投资经营房地产，以收房租和地租获利。1903 年至 1915 年间，在湖北武昌先后购地 12 块，用于盖房、出租；从 1915 年 10 月到 1922 年 9 月，"黎元洪任副总统及两次出任大总统期间，在北京王府井大街东厂胡同至翠花胡同附近购买房基地 48 亩，内有房屋 560 多间"；从 1912 年到 1919 年，黎元洪又在天津英租界19 号路购买了大约 13 亩房基地修建房屋，在此还建戏楼一座，在天津德租界威廉街，购地约 3 亩 7 分建洋楼一栋。二是购置了大量的良田用于出租。从 1903 年 2 月到 1917 年 8 月，黎元洪先后在湖北武昌和天津购置了大量的田地，出租给农民耕种，以收取地租获利。三是进行金融投资。黎元洪多年的积累使其有了相当的资本，他又将赚得的绝大部分资金投向金融、实业和股票。投资经营成了黎元洪晚年的主要活动，为此他投入了很大的精力，可以说黎元洪是我国早期的民族资本家。据不完全统计，"黎元洪先后投资的银行、厂矿等企业有70余个，投资总额约有300万元"。其中他"投资的涉及银行有20余家、投资煤矿8个、投资其他矿产8个、投资纺织厂6家、投资面粉、食品厂5家、证券类5个、保险类2个、造纸厂2家"；另有13家其他类投资——中国南洋兄弟烟草公司、北京玉泉山啤酒汽水公司、山西大应水利公司、中美实业公司、上海新口公司、香港中国邮船公司、直隶赛马总会、京师华商电灯公司、孔雀电影公司、天津振中新记油漆颜料股份有限公司、中孚制药公司、北洋贸易公司、集庆源公司。黎元洪的投资不仅在金融领域，也涉及了工、矿、交通、饮食、造纸、烟草、娱乐等行业，延伸到了社会的各个领域。黎元洪的投资规模之大和效益之丰，在民国初期是首屈一指的，以他的善于经营实业和成功的投资，带动了近代房地产和工商业发展。

倪嗣冲（1868～1924），皖系军阀的实力派。1920年下野后至1924年去世，一直在津居住，其在下野的北洋军阀中以在津投资工商业数额巨大而出名。倪氏家族中参与投资的有倪嗣冲、倪道杰、倪叔平、王普等人，以及倪家堂号锄经堂、千乘堂等，倪道杰是倪氏实业集团的核心人物。据统计，倪氏财团在天津集资创办现代工业的资本总额约为800万元，相当于晚清时1895～1904年十年间天津工业投资总额（421.9万元）的189%。倪氏财团在津投资企业多达30多个，主要投资于金融、纺织、粮食、化工、火柴、电力、农场和房地产业等领域，几乎囊括了经济领域的各个方面，其投资的企业均采取股份制管理结构，且各企业在同行业均具有代表性，对近代天津的民族工商业发展贡献颇丰。

首先是现代金融业。投资金融业为倪氏财团涉足各个行业提供了资金的支撑。倪嗣冲的儿子倪幼丹，于1917年与王郅隆、徐树铮、吴鼎昌等集资创办了金城银行，银行股东中有曾任大总统的徐世昌、黎元洪，曾任内阁总理的梁士诒、熊希龄，曾任部长的曹汝霖、周自齐、朱启钤，曾任巡阅史的吴佩孚，曾任总司令的徐树铮、吴光新、孙传芳，曾任过各省督军的田中玉、王占元、卢永祥、王承斌、萧耀南等。创办于 1919 年的大陆银行，虽是由谈丹崖创办，但倪氏财团是投资大户，曾任大总统的冯国璋认股 20 万元。中法振兴银行由倪幼丹与法国金融家合办，倪幼丹投资 10 万元。

其次是民用工业。裕元纱厂建于 1915 年，是天津最大的纱厂，倪家于 1922 年投资金额达 110 万元，占全部投资的一半以上，是倪氏投资最大的一个企业，总经理为王郅隆，经理为赵聘卿。董事会的成员有段祺瑞、王郅隆、徐树铮、曹汝霖、朱启钤，王揖唐、吴鼎昌、周作民和段芝贵等。裕元纱厂的投资兴办，带动了华新、宝成、裕大等天津纱厂的建立，促进了天津近现代纺织业的发展。1920年倪家出资 20 万元接办裕兴面粉公司（后改为大丰面粉公司），倪嗣冲任董事长。倪家还于 1925 年与孙俊卿、杨西园接办寿星面粉公司，后改名为寿丰面粉公司；1927 年聘孙俊卿为其独资经营的大丰面粉公司总经理；1928 年开办益生大米庄，后改名永增厚，聘董晓轩为经理；1929 年并三津永年面粉公司为寿丰二厂；1933 年又收购民丰天记面粉公司为寿丰三厂，寿丰面粉公司遂成为华北最大的面粉企业。

化学工业方面，倪氏财团的倪道烺与东北军万福麟之子万国宾还参与投资经营了利中酸厂，其投资人有实业家高亚杰，金融家周作民，实业家岳乾斋、赵廓如、项激云、赵雁秋等。参加投资的军政人员有商震、韩襄武、宋哲元、吴幼权、沈克、高桂滋、熊澜丞、孙殿英、韩复榘、庞镇湘等。利中酸厂从 1934 年投产，到 1937 年的"七七事变"，三年多的时间里，几乎垄断了华北的硫酸市场，共销售硫酸 300 余吨，成为中国北方首屈一指的制酸企业。1916 年，倪氏财团创办了大成油漆颜料公司，经营了八年。1918 年，原丹凤火柴公司与华昌火柴公司合并，成立了丹华火柴公司，由倪氏财团独资经营，行销安全火柴，从而成为华北地区规模最大的火柴公司，在中国近代工业发展史上有重要地位。倪幼丹同张新吾、罗剑秋、项镇方和白鹤一等实业家，成为全国闻名的火柴界精英。

第一次世界大战后，原天津德租界改成特一区，由于居民增多而致电力不足。倪氏集团抓住这个机会，于 1918 年成立了北辰电气公司，经营颇佳。1928 年，天津改为特别市，南京国民政府强调一切公用事业属于国有，倪氏财团由此损失巨大。倪氏财团还开办了开源农场，专为裕元纱厂试种棉花。

7.2.3 潜心研究，读书作画

徐世昌（1855～1939），有"文治"总统之称。1922 年"直奉"大战后被曹锟逼下台，便寓居在天津英租界，直到 1939 年病逝，共做了 17 年寓公。徐世昌寓居期间远离政治、潜心读书，在"世事如烟"的心境中过着貌似恬淡的生活。徐世昌在津有多处房产，其在英租界牛津道一处建了九幢小楼，他自住一幢。寓居天津租界后，将该住所自题斋名为"半日读书半日静坐之斋"，其寓公生活主要是读书、著书、藏书和印书。

藏书是徐世昌的嗜好，编书则是兴趣。徐世昌的古籍藏书曾达八万卷之多，可以说收藏颇丰，他还将其藏书编纂为《书髓楼藏书目》，共八附一卷面世。他勤于著述，其作品已整理付梓的约有 20 余种。他还曾命王式通等负责辑成《晚晴簃诗汇》收录了全清的诗歌，包括 6100 多位诗人的 27000 余首诗，分为 200 卷计 80 册，1929 年刊行；曾历时九年汇集了清代名家流派学说，编辑了《清儒学案》，该书共 208 卷，为线装，刊行 100 册，由于书价昂贵，印量很少，主要分送给全国各大图书馆。

写字、作画、收藏是中国传统文人的雅好，徐世昌也不例外。他会写馆阁书体，中年时写苏黄字，还经常作楹联、条幅、横卷分赠亲友僚属而不留姓名，仅署"水竹村人""石门山人""退耕老人"等别号；晚年习画，多是传统题材的山水松竹之类，墨迹颇多，他画的扇面、立轴等作品经常发表在《北洋画报》上。徐世昌还收藏名画和古砚，还将其收藏砚台的饰纹、题识制成拓片，集成名曰《百砚图》册子。此外，他还留下一部篇幅巨大的日记，其中追述他出任总统期间的社交活动等，具有一定的史料价值。

卢慎之（1876～1967），名弼，是著名教育家卢木斋的弟弟。曾留学日本，在早稻田大学就读，北洋时期曾任国务院秘书。1934 年退居天津，直至去世。其后半生，潜心著书，著有《三国志集解》；他与卢木斋一起出巨资印刷出版了《天演论》《慎始基斋丛书》《湖北先正遗书》《沔阳丛书》等数十种书籍，且搜集孤本、善本 20 多万册。他还著有《慎园吟草》十卷稿本，为其个人诗集，收录了他 50 岁至 80 岁间所作的各体诗共 737 首，共 11 册，现藏于天津市图书馆。他的诗作内容丰富，把自己后半生的所见、所闻、所做用诗表达出来，取材广泛，大部分是即兴之作，不求用韵工整，但求文辞达意。

7.2.4 专注教育，启迪民智

卢木斋（1856~1948）名靖，字勉之，湖北沔阳县人，出身于一个世代寒儒家庭。清末中举后被张之洞以"博学异才"推荐给李鸿章，被任命为直隶武备学堂任算学总教习，1887 年至 1908 年间，先后任赞皇、南宫、定县、丰润等县知县，多伦诺尔厅、直隶学务处督办兼保定大学堂监督，直隶提学使和奉天提学使。1911 年，卢木斋辞官回津，专力于经营实业，兴办学校。他先后在天津城南与河北一带购置了大量荒地，建造房屋，在北京、秦皇岛也置有房地产；除经营房地产外，他还投资先农公司，成为该公司的大股东；另外他还投资于开滦煤矿、启新水泥公司、济安自来水公司、耀华玻璃公司、张家口电灯公司等工矿企业。卢木斋所经营的房地产，加上投资的实业，为他积累了大量财富，这些财富不是其用于个人或者家庭享受，而是为其兴办教育积累资金。

兴办教育是卢木斋的目标和方向，其将经营房地产的全部利润和股票红息出资成立了"木斋教育基金"。1909 年卢木斋在天津创办了卢氏蒙养园，招收家人和亲属的幼儿入园学习，由留日回国的吕碧城姊妹主持。1916 年创办卢氏小学，1932 年增设中学部，1938 年扩建为木斋中学。1925 年他还在北戴河创办单庄小学。

卢木斋除自己创办学校外，还为他人兴办其他教育事业提供大量的资金。由"木斋教育基金"赞助一些民办的私立学校。南开大学成立之后，卢木斋捐巨资 10 万元并赠书 10 万余册兴建了南开大学图书馆，如图 7-3 所示。

图 7-3　南开大学木斋图书馆

　　南开大学图书馆的建立对这所私立大学的教学起到了重要的辅助作用，仅就其规模来说也是当时中国规模较大的一幢新式图书馆，不幸的是该图书馆 1937 年被日寇炸毁。卢木斋还曾为清华大学捐书 1600 余部、23000 多册，1936 年 10 月在北平还兴建木斋图书馆，1947 年捐款建立北京大学数学研究所。卢木斋一生置业无数，但生活十分简朴，其房产都改为了学校，毕生积累的财富全部用于了教育事业。

　　黎元洪（1864～1928），除热忠于投资房地产和经营实业外，对教育事业也是比较关注的。由于他是湖北人又寓居天津，故对他的家乡湖北和多年居住的天津两地的教育事业予以支持。1919 年蔡元培在汉口筹备开办留法高等预备学校，黎元洪知道后慷慨资助；黎元洪还曾为武昌私立养正小学题写校名，并汇 1000 元作为学校开办经费；武汉筹办江汉大学，他从中兴煤矿公司拨出股票 10 万元作为建校基金；他还为湖北省黄陂县前川中学捐赠银圆 3 万元兴建校舍。黎元洪十分敬重南开学校的创办人严修和张伯苓，特别对张伯苓校长的兴学敬业精神异常敬佩。在张伯苓校长四处奔忙筹措资金筹办南开大学时，黎元洪是首批赞助人之一。1926 年 1 月，英租界董事会华人董事庄乐峰与董事陈巨熙一起致函英工部局，提议创建英租界的华人子弟学校——"天津公学"，在筹备建校之初，黎元洪慷慨出资数万元。

7.2.5　专心慈善，扶助贫弱

熊希龄（1870~1937），字秉三，别号明志阁主人，双清居士，湖南凤凰人，曾任北洋政府内阁总理、财政部长等职。1916 年退出政坛后，曾试图以"隐居"的方式来逃避现实。但之后他选择了慈善和教育事业，曾担任过国民政府全国赈济委员会委员、世界红十字会中华总会会长，被称为"近代慈善之父"。

1917 年夏末秋初，河北境内连降暴雨、洪水泛滥，永定、大清、子牙、南运、北运五条大河同时漫溢，决口数百余道，京畿一带有 25 万多顷田地颗粒无收，灾民达 600 多万人。此时，熊希龄"隐居"的天津城也在大水的浸满之中，其寓所同样也被河水吞没。熊希龄向中国银行公会请求救助，取得了万余元捐款，交由京师警察厅购备粮食，运津赈济。之后又向政府报告，极力主张筹款，赈济整个灾区的饥民。他的建议经由财政总长梁启超与外交总长汪大燮提交国务会议讨论，结果阁员们一致认为，除非有熊希龄出来主赈，方可定议。随后他被推派督办京畿一带水灾河工善后事宜，尽力抚恤流亡，赈济饥乏。

1918 年熊希龄又设立慈幼局，收养灾童 1000 余名。同年 11 月 5 日，他在写给赵凤昌的一封信中说："弟自隐津终养，决志不闻国政，此次目睹灾区惨状，心良不忍，且念出仕十余年，从未直接为民做事，愧对吾民，愿意在这次救灾中，勉竭驽钝，以当此艰难，亦冀稍赎政治之罪戾。"

1920 年秋，熊希龄还出面组织了华北五省灾区协济会，是年冬设香山慈幼院，自任院长，收养无人领回、无家可归的孤儿"达数万人"，慈幼院逐步变为集学校、家庭和社会为一体的新型学校，成为当时国内外闻名的最完善的慈幼教育机构。

1922 年 10 月 28 日，熊希龄与道院的一批人联合中外人士发起的以"促进世界和平、救济灾患"为宗旨的慈善救济网络"世界红十字会"在北京正式成立，1925 年，熊希龄被推为会长，直到 1937 年去世。这期间，如遇战时，熊希龄组织救护队奔赴战地，"救济灾民，埋葬遗骸，收容妇孺，成绩甚优"，同时，他还多次亲手草拟函电，劝告交战的各方军阀停战议和。在没有灾患之时，便开办残废院、育婴堂、盲哑院、红十字医院、平民工作所、平民贷济处、冬季粥厂等，做了大量的慈善工作。1928年新的国民政府在南京成立，任命熊希龄为赈款委员。1931年，熊希龄著《十六省救济水灾意见书》，详尽论述救灾的办法、措施、步骤。

九一八事变后，国难当头。熊希龄组织了国难救济会，并致电张学良、冯玉祥及东北各将领，表示"坚持抗日，挽救国难"。淞沪战起，日军大举进犯上海，他痛心疾首，发布《香山慈幼院院长通告》，号召全院师生以实际行动抗日救亡。"余虽六十老翁，此心不甘亡虏，一息苟存，誓当奋斗。"随即组织全家和慈幼院师生200余人为义勇军，开赴抗日前线。携长女熊芷组成救护队，往长城前线救死扶伤，"日出于枪林弹雨中"。"七七事变"发生时，他乘船到上海，有人劝其回避，他说："我是国民中的一员，国难当头，应尽义务，岂能回避！"即会同上海红十字会，从事救护工作。主持设立临时医院四所、难民收容所八处，救出伤员1000余人，由战场救到安全地带的难民20余万人。

1932年10月，熊希龄宣布捐出全部家产，总计折合大洋27万元及白银6万多两，用于创办慈善公益事业。

曹汝霖（1877～1966），字润田。曾任北洋政府的交通总长，后兼任外交总长并任交通银行总经理。1919年中国在巴黎和会上外交失败，直接引起了国内民众的强烈不满，遂在1919年5月4日爆发了著名的"五四运动"。学生将矛头直指时任交通总长曹汝霖，及货币局总裁陆宗舆和驻日公使张宗祥，1919年6月10日三人同时被北洋政府免职。其后，受到了刺激的曹汝霖，决定从此退出政界，遂来到天津蛰居。退出政坛的曹汝霖致力于公益和慈善事业。

曹汝霖于1919年冬迁居到天津。先是租屋居住，后又在德租界廉价购得一栋德商住宅。1922年第一次直奉战争结束后，直系军阀控制了北京政府，吴佩孚下令通缉曹汝霖。此时的德租界已改由中国政府管理，曹汝霖认为居住在此不安全，便移居到日租界，从此他往返于京津两地。他在天津主要经营盐业银行、河北省银行和天津自来水公司等企业，并任董事长，还担任井陉正丰煤矿股份有限公司董事长。

20 世纪 20 年代，由曹汝霖发起，共有 20 余人出资，在北京阜成门内白塔寺沟沿建立一所慈善性质的医院，免费为穷人看病。这所医院属于私立性质，曹汝霖担任院长、名誉院长等职十余年，到抗战胜利后他才卸任，医院的所有开销均由其筹措。1927 年 12 月，曹汝霖还与朱启钤、周学熙、李士伟、吴鼎昌等人在天津法租界的大来饭店成立了生产协助会，目的是帮助、救济受灾的实业家，推举朱启钤任议长。

李厚基（1870~1942），字培之，江苏省丰县人，毕业于北洋武备学堂。在寓公群体中李厚基变卖财产捐资慈善尤为突出，"近以辽西水灾，情形特重，时当天寒，待赈尤亟，而陕西乞赈文电，迄仍络绎不绝。现有旅居本埠之前任福建督军李厚基深为悲悯，拟于辽陕两处灾赈有所助力，唯以现款难筹，闻已决计将自置在英租界三百余间之房屋，廉价助赈，慈善界日来传说甚多，诚服其热心过人云"。1930 年 11 月 7 日李厚基将英租界的一所楼房（图 7-4）估值 19 万元，采用彩票的方法卖出以捐助辽西水灾。

图 7-4　李厚基旧居

7.2.6　远离政治，皈依佛门

靳云鹏（1877～1951），曾任北洋政府的国务总理、陆军总长，1921 年退居天津后，曾参加了洋行买办陈锡舟在英租界创办的佛教组织"居士林"，1931 年正式皈依佛门。1932 年陈锡舟去世，"居士林"暂时无人支持，靳云鹏见佛教信徒们无处念佛诵经，萌发了重兴"居士林"的想法。1933 年靳云鹏找到孙传芳一起出面主持重建"居士林"的事情。他劝说天津人称"李大善人"李春城的长孙李颂臣将其家庙"清修禅院"贡献出来作为"居士林"，靳云鹏联合孙传芳等人与李颂臣商妥后，与孙传芳、王韬、潘复等共同出资，将李氏祠堂"清修禅院"改为"天津佛教居士林"，靳云鹏自任林长，孙传芳任副林长，"居士林"便成了佛教徒听经念佛的之处。靳云鹏潜心诵佛、礼佛，在家里也布置佛堂，早晚拜佛，雷打不动。后来又接受戒律，居家修行，法号"智证居士"。

1944 年，靳云鹏联合龚心湛等人，经过多方联系筹措资金，将天津海河边上百废待兴的大悲院重新休整，成为天津佛教界的一件盛事。

7.3　寓公寓居于天津的原因

7.3.1　租界在政治上有相对独立性

根据租界条例，租界的管理均由租界当局负责，中国政府无权干涉。租界享有治外法权这一特权，完全不受中国政府的法律权力的管辖，虽然是在中国的领土上，但是不受中国政府的政治管辖，相当于"国中国"，因此，进了租界就相当于出国一般。清末民初，特别是北洋时期，社会动荡，政局不稳，在政治斗争中失利的人，最好的退处就是租界，既可以保护人身安全，也可以保护财产安全。而且天津老龙头火车站也设在租界，所以这些人只要从老龙头车站下车便进了租界。他们在租界里就可以避风藏身，人身安全便就有了保障。

148

7.3.2　天津特殊的地理位置

清末民初，近代天津作为华北地区开埠最早的城市，具有最先进的铁路、港口和公路等优越的交通条件，同时也是西北地区对外的海运输出地，天津作为连接南北的枢纽，具有得天独厚的地理优势。

另外，京津两城乘火车也就两个小时的路程，距离近，来往方便、安全。北京政局一旦有所变化，如对其不利，便可以半日之内就躲避到了天津；而那些不甘心退出政治舞台的人，他们暂住天津租界，要是有机会东山再起的话，同样也可以以最快的速度返回北京上台掌权。1922年8月9日《大公报》刊发的一篇题为《寓津各新阁员之近讯1260》的文章中写道"津埠密迩京师，交通便利，十里洋场一般。政客官僚，多以此为安乐地。无心问世者视之为世外桃源，热衷政局者，视之为终南捷径。"当时社会上流传"北京是前台，天津是后台"之说。

7.3.3　天津租界良好的生活环境

近代天津是中国北方最具有现代化气息的城市，具有最先进的生活设施，而且商业发达。

1922年4月5日发行的《大公报》，发表了一篇题为《欣戚不同之租界观》，文中写道"天津租界，为我国安乐窝之一。举凡富翁阔佬，以及种种娱乐场合，胥萃于是。且以距京咫尺，故其形胜，尤较上海、汉口为合宜。滞津中之人物，欢乐者居其半，怨愤者亦居其半。"天津租界全新的西方生活方式，有各种新鲜的娱乐方式和场所，具有能够闲散舒适、恣意享受的生活条件，也是寓公选择租界生活的一个重要因素。民国寓公虽然生活在天津，但他们的所作所为不只局限于天津，而是反映了那个时代中国的一个侧面。这一时期天津城市和工商业的迅速发展，不能说与这些人毫无关系。此外，寓公们有钱、有闲的娱乐生活及消费，客观上促进了近代天津通俗文化的繁荣和餐饮文化的发展。总之，形形色色的天津寓公，为那时的天津造就了一个五花八门的社会断面，众多有影响的风云人物出自天津，留下了他们的印记。

7.4　租界寓公群体对民国初期的政治、经济和文化影响

寓公居住在租界的小洋楼里，正是由于天津租界的特殊性，使有着不同的政治观点、人生态度和生活方式的清朝遗老遗少、封建官僚、军阀、政客选择天津租界作为他们寓居的目的地，从而可以过着安全、舒适、惬意的生活。

看似平静的生活也是暗流涌动的，他们在此的每一次密谈、每一次商讨、每一次资本运作，都可能会改变当时中国的政治、军事和经济形势。天津租界的寓公群体不仅影响了租界的社会生活，甚至还影响了民国初期的政治、经济和文化。

7.4.1　政治

寓公们选择在天津租界居住，有因政治失利而不得不为之，也有因看透政治的黑暗而选择退出。他们虽表面看上去远离政治享受轻松、愉快的寓公生活，但不代表与政治完全隔离，他们甚至在近代中国的政治史上影响巨大。梁启超在意租界的饮冰室与蔡锷共同商讨了阻止袁世凯称帝计划，并在这里写下了征讨袁世凯称帝的檄文《异哉所谓国体问题者》引起了社会强烈反响，并积极鼓励其学生蔡锷发动讨袁起义，最终赢得了护国运动的胜利。袁世凯在社会的一片声讨声中被迫取消帝制，不久就在羞愤忧惧之中黯然死去。

1931 年 11 月 10 日，溥仪被日本特务土肥元贤二挟持到了东北，在日本人的扶植下，做了伪满洲国的皇帝，成了日本人的傀儡。

7.4.2　经济

寓公退居天津，他们的主要经济活动就是投资金融和实业，他们的经济活动，直接影响了民国初年经济形势。北洋"民国初年 108 位寓公中，从事经济活动的有 40 人"。寓公的经济活动主要是投资"盐业、开当铺、租赁房屋、创办实业、从事工商业"，对民国的经济发展具有积极的一面，寓公将他们的资本直接用于投资新式工、矿企

业，为民族工商业的发展提供了资金支持。仅纺织业发展就足以说明寓公资本对现代工商业的巨大作用，"1922 年天津先后建起了六大纱厂：华新、裕元、恒源、裕大、北洋、宝成。在这六大纱厂中直系均有投资。六厂资本总额 1933 万元，计华新 270 万元，裕元 560 万元，恒源 400 万元，裕大 134 万元，北洋 269 万元，宝成 300 万元。纱锭总数 223000 枚，计华新 27000 枚，裕元 75000 枚，恒源 31000 枚，裕大 35000，北洋 28000 枚，宝成 27000 枚，比第一次世界大战，前天津的纱锭数增加了 44 倍之多"。当时的天津是中国第二大纺织业城市，不能否认寓公们的投资对发展新兴工业的贡献。当时有"8 家面粉企业，其中 7 家有军阀官僚的投资，其中福星、大丰、寿丰是以军阀投资兴办的"。

7.4.3　文化

寓公现象是中国近代社会转型期的一个特殊现象。这个现象表现在文化上既有西学东渐的影响，也有根深蒂固的中国传统思想的影响，具体表现在个体上还因个人的背景和经历而有所不同。

1. 建筑文化

寓公们的住所，成就了天津租界"小洋楼"的独特建筑景观。由于租界当局严禁在租界内修建中国式建筑，所以只能建筑西方样式的建筑。这样就迫使手握丰厚资财的寓公，在各租界建造寓所时都聘请国外有名的建筑师来单独设计、独立施工，不仅考虑到居住的方便舒适，而且每一个寓所都有标新立异的设计风格，而且造型优美、风格迥异，租界里没有完全相同的建筑式样，形成了天津租界极具特色的"小洋楼"文化。

这些小洋楼，大多集中在原英租界五大道、法租界的中心公园和赤峰道上，以及原意租界、奥租界，总计有一千多座。小洋楼的主人成了近代天津最活跃的房屋建造者、拥有者和居住者。他们建造形式各异，多姿多彩的欧式住宅，用于出租获利，或者供自己和他们家人享受奢华的退隐生活。寓公们热衷于投资买地建房，加速了英、法、意等租界的民居开发，也形成了天津租界风格各异、独具特色的小洋楼群落。

始建于 1922 年的庆王府坐落于英租界剑桥道 55 号，其外观上呈现出了西化风格，而在建筑的局部和细节上结合了中国传统文化意象，水刷石墙面与中国传统代表皇族的黄绿蓝三色琉璃栏杆交相辉映，门窗上的玻璃则有采用比利时工艺雕琢的中国传统花鸟，体现了租界洋楼在设计和建设中的西风东渐，是一座典型的中西合璧的建筑。

西式建筑和一批中西合璧建筑的出现，丰富了中国建筑的面貌和风格，使建筑和居住这一生活主题开始步入近代，客观上使中国的建筑风貌向前迈进了一大步，天津的建筑以风格多样、精巧别致而在国内城市中具有独特的地位。在租界里，有北洋时期五位大总统的住宅，其中袁世凯在英租界有两处住宅、奥租界有一处住宅；黎元洪在英、德租界各有一套住宅；徐世昌先是在德租界，后在英租界建有九幢洋楼；冯国璋在奥租界有一处住宅；曹锟分别在意、英租界有三处住宅。

2. 娱乐文化

寓公在近代天津是娱乐文化消费的主要群体，他们具有丰厚的经济基础，有一定的欣赏能力，也有追求新式生活的愿望。

天津租界五花八门的娱乐场地和娱乐方式吸引了他们，溥仪寓居天津后迷上了时称"庭球"的网球。1929 年迁居到静园后，溥仪就命人在主楼东门外侧一个狭长处修建了一个网球场，而且派人买了很多球拍，随从人手一拍，天天陪他练球。球场成了这个院子里唯一的"民主"之地，随侍不仅可以随便说话，还可以赢"皇上"。但这些人的水平太低让溥仪觉着无趣，遂请了网球名将林宝华来担任他的教练，溥仪和随侍一起学习。1929 年是静园网球运动的巅峰期，由单纯训练升级为组织比赛，由单打进步到双打，由内部赛发展到广揽高手召开运动会，越打越热闹。而溥仪对网球的痴迷也从住进静园一直到伪满初年，前后长达四年。这个纪录对万事皆无常性的溥仪来说确属破例之举。溥仪还喜欢高尔夫球，他不仅专门定制了球衣、球裤和球帽，还特意为此买了计时表。静园内没有练习场地，就到英租界北面的高尔夫球场去练习。除此之外，溥仪还经常逛百货公司，到利顺德参加舞会、看电影，凡是时髦的娱乐活动他都要尝试一番。

看戏要包厢，庆亲王载振在中国大戏院常年有包厢，在大舞台也有长期包厢，军机大臣那桐、大太监小德张等也曾长期包下南市大舞台的一级包厢。原海军总长刘冠雄因其母亲爱看戏，也经常陪其母来大舞台看戏。

除了到剧院看戏，堂会也是他们的一个娱乐方式。寓公经常请名角，或者有名的戏班到家里开堂会，每逢过中国春节或者辛亥革命纪念日时，黎元洪家均邀请京剧名角唱堂会来招待客人，如图7-5所示。

黎元洪还经常邀请著名演员金月梅、金少梅等来家演出。每到国庆节的时候，黎元洪也会放烟火和露天电影来庆祝。黎元洪还对体育娱乐情有独钟，赛马就是其爱好之一，他经常练习骑马；他还经常在自家的网球场打网球，到了冬季还练习滑冰。此外，新鲜的娱乐活动黎元洪都有所涉猎，如听留声机、看电影、听戏都是他经常进行的娱乐活动。

那桐在寓居天津前曾来过两次天津，由此开始迷恋上天津租界的西式风情，在其《那桐日记》中曾记载："在法租界踏月游洋货店，洋楼林立，灯光辉映，与星光争斗，俨然一幅油画，恍如身在泰西。不复知素日在部所见公事受窘之深，与筹款之难也。可笑，可叹。"1912年，那桐辞去了税务处督办一职，来到天津德租界居住，后又在英租界孟家庄修建了房屋。在津寓居期间，那桐几乎不参与各种政治活动，过着平淡的生活，他整日里或是各种应酬、吃饭，或是外出看戏、看电影，要不就是在家里办堂会，尽享娱乐。

寓公来到天津租界寓居，将北京的文化习俗也带到天津，有些爱好京剧的人，经常举办堂会，每逢节日或者生日宴会，他们就会邀请京剧名票，或者名角到家中演出。黎元洪、那桐、张勋、李纯家的堂会在津城非常有名。寓公对京剧的偏好和推崇，推动了京剧艺术在天津的繁荣。

图7-5　同咏社在黎元洪家演出《长生殿》

153

3. 饮食文化

逊帝溥仪在位时就喜欢吃西餐、西点。逊位后，仍热衷于西餐。1921 年，宫中将御茶膳房裁撤，设立野意膳房，做中餐，不久又设西餐，溥仪曾吟西餐怪诗一首："明日为我备西菜，牛肉扒来炖白菜；小肉卷来烤黄麦，葡萄美酒不要坏。你旁看，我吃菜，一旁馋坏了洪兰泰。口中涎，七尺长，一直流到东长廊。我大笑，把肉藏，藏在屉内满屋香。李志源，曹振光，左右绕桌旁。也是馋，不敢尝。瞪着眼，如笔长。舔着舌，赛黄狼。一会儿，我生菊（气），叫一声：一群东西赶紧给我出中房。哈哈哈，乐倒了三格格，对着我直说：'我皇!''我皇!'"可见 15 岁的溥仪对西餐的钟爱。1925 年溥仪寓居天津后，衣着上变化很大，初到天津时身穿长袍、头戴便帽，但在天津居住生活了不长的时间后，就喜欢上了爱丁堡的绅士样的打扮。不仅如此，他在饮食上更是顿顿不离西餐，租界里的西餐厅成为溥仪享用西餐的好去处，他经常去的是当时较为有名的利顺德大饭店、起士林西餐厅以及西湖别墅等，吃西餐成了他的习惯。利顺德饭店总经理海维林的儿子回忆，溥仪曾在 1930 年夏天的一个中午，与婉容等人去马场游玩后到利顺德小憩，溥仪给随同的人都点了咖啡，随后就借题发挥大讲喝咖啡的学问。此外，溥仪的膳房还专门雇了六个西餐厨师为其做西式餐点，以满足他对西餐的喜好。溥仪还渐渐地喜欢上了下午茶，其在"静园"寓居时，经常和婉容在午后到西跨院乘凉，一同享受下午茶。

也许是年轻时有过留学的经历，辛亥革命后黎元洪的每日三餐大多是吃西餐，在他看来，吃西餐比较卫生，吃中餐一桌子人大家都拿筷子在盘里反复夹菜易传染疾病。到了晚年，他患有高血压和糖尿病，医生建议他多吃西餐中的蔬菜和鱼，可控制糖、脂肪的摄入，有益健康。在过年的时候黎元洪家里均要放烟火来庆祝，而且在戏楼上备有西式的冷餐和果汁等饮料供人们餐饮。

通常情况下，社会开放所带来的就是大众消费和通俗文化的盛行。近代天津通俗文化和饮食文化的异军突起，不能说与这些寓公们毫无关系。大众消费不仅受民众个人收入的影响，同时也受高收入和